期 货 技 法

——红小豆期货交易实操

[日]林辉太郎 著

毛兰频 译

地震出版社
Seismological Press

图书在版编目（CIP）数据

期货技法：红小豆期货交易实操／（日）林辉太郎著；毛兰频译．—北京：地震出版社，2019．5
ISBN 978-7-5028-4949-8

Ⅰ．①期…　Ⅱ．①林…　②毛…　Ⅲ．①期货交易-基本知识　Ⅳ．①F830．9

中国版本图书馆 CIP 数据核字（2018）第 013958 号

地震版　XM2594
著作权合同登记　图字：01-2018-7004

期货技法——红小豆期货交易实操
［日］林辉太郎　著
毛兰频　译
责任编辑：吴桂洪　王凡娥
责任校对：孔景宽

出版发行：地震出版社
北京市海淀区民族大学南路 9 号　　邮编：100081
发行部：68423031　68467993　　传真：88421706
门市部：68467991　　传真：68467991
总编室：68462709　68423029　　传真：68455221
证券图书事业部：68426052　68470332
http：//seismologicalpress．com
E-mail：zqbj68426052@163．com
经销：全国各地新华书店
印刷：廊坊市华北石油华星印务有限公司

版（印）次：2019 年 5 月第一版　2019 年 5 月第一次印刷
开本：787×1092　1/16
字数：118 千字
印张：6．75
书号：ISBN 978-7-5028-4949-8/F（5652）
定价：28．00 元

写于新版出版之际

人在成年以后开始学技术，都有一个共同的缺点，就是偏重知识。

即使在道理上明白这一点，但成年人脑子里既有的常识阻碍了他们吸收新东西，要掌握基础的技术很困难。不像咿呀学语的幼儿，在母亲的搀扶下学步，很快就能学会一生相伴的走路技术。因为幼儿的大脑像一张白纸，能够毫无抵触地接受技术。

再者，母爱是伟大的，肯不惜时间与劳力教幼儿学步。在学习期货技术方面，很难找到这样耐心的老师。

期货技术不是不能写成书，但直到现在，我还找不到一本写期货技术的书。

《期货技法——红小豆期货交易实操》1960 年出版后在不到三年的时间里重印了 11 次，我本想趁本次再版之际，增加一些技术方面的内容，很遗憾最后未能如愿，但我尽可能地进行了改订，比起老版本来应该前进了一大步。

1963 年 7 月 1 日

这次修订 30 年前，即 1963 年出版的《期货技法——红小豆期货交易实操》一书，我几乎重新再写了一遍，我想围绕以下三条线索写下去：

（1）一般人难以理解的现货知识；

（2）红小豆特有的波动和季节性价格波动；

（3）做法（期货技法）。

首先我们还是先来读一读 1960 年版的前言吧。

1993 年 11 月 1 日

前言（1960年版）

自古以来就有许多号称必胜的期货书。

在大米期货时代（江户时代），称得上是期货圣经的就有本间宗久著的《宗久翁秘录》，牛田权三郎慈云齐写的《三猿金泉录》，猛虎轩著的《秘录八木龙、虎、豹卷》，等等。除此以外还有《商家秘录》《六甲传》《买卖出世车》《米道大意》等书；到了明治时代，还有野口泰次著的《行情道》，松村辰次郎著的《松辰遗稿》等，多得数不胜数。

集散论方面的有山片蟠桃著的《梦之城》，社会学方面的有泰尔德著的《模仿学说》，心理学方面的有卢本写的《群集心理学》，军事学方面有克劳维茨写的《战争论》和《孙子兵法》，还有宫本武藏的《五轮》。

许多投资者为了找到期货盈利的方法，读破万卷书，试图从浩瀚书海的字里行间寻找微言大义，期货奥秘。但这都是徒劳的，因为这些书太抽象，与现实市场还有距离。他们的这些努力肯定是没有结果的。

于是，有的人相信，“做期货靠的就是运气、备受打击也浑然不觉的近乎迟钝的韧性和毅力、耐性、坚持不懈的精神”。

还有的人认为，“只要精神镇定、处世达观，就能够做好期货。做期货，最重要的是胆量和肚量”。

胆量和肚量？我认为这种说法很不负责任。胆量、肚量、镇定、达观，这些都是精神层面的东西，让处世达观的禅宗的高僧来做期货能不能盈利？肯定不行吧？因为高僧处世再达观，有关期货的基础知识和技术一点也不懂。没有基础就想一步登天，在期货这一行里是行不通的。

举一个远一点的例子。

在困苦艰难的时刻，众人都愁眉苦脸，孔子看到，唯独他的弟子颜回依然很快乐，就称赞道：“贤哉，回也，一箪食，一瓢饮，在陋巷，人不堪其忧，回也不改其乐。”

意思是颜回真是杰出，每天仅吃一竹筐饭，喝一点白开水，住在陋巷，别人都受不了这种忧愁，颜回却没有改变他的快乐，完全与平时一样快乐。

不错，这个颜回，只要有一碗饭，一杯饮料，就能够过得很快乐。但是，如果连维持生命的最低限度的食物饮料都没有的话，即使贤人，也会死去。

做期货也是一样。如果连最低限度的基础知识和技术也没有的话，必输无疑。

本书所写的就是这最低限度的东西。

在期货市场上，为什么失败的人那么多呢？主要原因有四个：

（1）将投机的根本——交易技术等闲视之，即不重视开仓、平仓的技术，专门追求交易的刺激。

（2）被期货不可思议的魅力所吸引，却忽视对必要的基础知识的吸收。即使学习，也马马虎虎，草率行事。

（3）不了解大局的动向，不懂得市场参与者的心理变化，不知道行情拐点的分析方法。

（4）即便知道上述知识，也不考虑按部就班、循序渐进，总想着大赚一笔、一步登天。

从我的期货经验来看，“只要把精神修炼得足够强大，就能在期货市场所向披靡，无往不利”的说法是不负责任的。先抛开这些抽象的问题吧。就像人不能缺少生存所需的最低限度的粮食一样，做期货也需要了解最低限度的知识，掌握最低限度的技术。本书就是为了这个目的而写的。

一旦我开始执笔写作，回过头来看看，感到有不少东西漏写了，但总之，大致的东西都写进去了。

要把书写得抓住主线，撇开细枝末节，又不能太抽象，不是一件容易的事情。读者在阅读的时候，也不要把各章孤立看待，这本书整体讲的就是期货的基础。

我确信是让读者走向胜利的基础，相信对读者有帮助。

林辉太郎

1960 年 8 月

前言（第三版）

长久以来社会上就流传着这样一句话：“不要把闺女嫁给做红小豆期货的人。”

红小豆期货太刺激、太有趣，使人无法保持冷静，总是容易陷得很深，并沉溺于其中无法自拔，变得不再顾及家庭和工作，最终破产，导致嫁过去的女儿也变得很不幸。所以渐渐地社会上才流传下来这样一句话。

在股票、外汇、商品期货等众多投机标的物中，天字第一号的投机标的物是有着2000多年历史的黄金。黄金是财富的象征，从大的方面说，国家之间、民族之间的投资、投机活动经常用黄金来进行，跨越国境的巨大贸易也常常用黄金来支付；从小的方面说，我在香港的“金交易店”看到中国人、美国人在那里以“两”为单位交易黄金。存在着一些像做小本买卖一样的专做“两黄金”的小户交易者。

1两≈37.78克。两本来是银的单位，例如鸦片战争时清政府的赔款是白银600万两，英文写作teal。

两金交易所是历史悠久、有信用的交易所。交易的黄金纯度达99%。在香港一带，从事黄金交易业务的主要是一些小银行。有的银行以接受职业交易员的订单为主，各家银行有各家银行的传统与特色。

别小看那些小户交易者，他们的资金量虽然很小，但技术却不错，只靠投机交易就能够养家糊口。有一次，我在香港遇到一个美国人，他告诉我他做日内，一天做满5两就不再做了，这样会很安全。

但日本的黄金期货市场，却不存在像香港一带那样的专做黄金的小户交易者。原因是：①日本的手续费高；②日本的期货公司不接受以价差交易、价差滑动交易方式下达的交易订单。

但在红小豆期货方面，“小规模、职业化的方法”在日本却有着悠久的历史，一直传到了现在。

在日本，做红小豆期货的有各式各样的人，规模也有大有小。大的有综合商社、进口商社、北海道农协联合会，小的就是个体专家。交易者的水平有高有低，方法也是各式各样。

红小豆的主产地就是北海道。北海道农协联合会到各家农户家里按照同等条件把红小豆收购上来，再统一销售。农协的销售方法是：每个月卖掉一定的数量。但几年以后，发生了一件事，有一个担任销售的理事没有按照这个规定，老想瞄准一个高价位集中一下子卖掉，把原来均等的卖法改成了投机的卖法，结果错过了卖出时机，红小豆价格狂泻而下，最后这位理事自杀了。

红小豆行情的魅力在于：

（1）红小豆是栽培在温带的北侧一带，温带从维度上说已经是地球北侧了，而红小豆栽培区域又在温带的北侧，所以这个地方气候很极端，遇到严寒的天气可能颗粒无收。红小豆的收成，丰年与灾年相差悬殊，因此供应量变化很大，供应量调节的唯一手段就是进出口量，不像其他产品的供应量可以通过工厂的加班加点来调节。

（2）红小豆是一年生草本植物。就是说，它在同一个历年之内要经历从种子发芽、成长、开花、结果，最后枯萎等几个过程。在一年当中，市场很少有冷清的时候，行情总是在变动之中。

（3）但从长期来看，红小豆价格变动的幅度又不大。近 20 年以来，红小豆价格最低的时候大约是 8000 日元，最高的时候大约在 16000 日元左右。价格变动幅度还没有超过 2 倍，但是每天、每个月的价格变动幅度却很大。这样一来，即使日本的手续费再高，对投资者来说也算不得很大的负担了。

（4）红小豆的保证金率很低，杠杆效果较大，价格稍有波动，盈亏变化就很大。但由于仓位（建仓量占总资金的比例）自己能够调节，所以降低投资色彩就是一件可能实现的事情。

（5）丰年、灾年，全看天候。商社（庄家）无法左右行情，因此商社介入程度变弱，从这一点来看对大众（散户）有利。

（6）丰收的话就价低，颗粒无收的话就价高，红小豆期货常常呈现出极其合乎常识的价格走势，交易者容易把握大局的变化。

另外，红小豆行情也有不少缺点：

（1）由于红小豆不是人们生活的必需品，价格变动有时候会走过头。

（2）红小豆每年的产量都是有一定限度的，容易被做庄的庄家派人到现货市场扫货，价格涨到离谱的地步。由于多头囤货人为地造成市场缺货，长期维持一个贴水价差的状态。

（3）由于红小豆属于农产品里的一次制品，就是未经过加工的农产品，品质参差不齐，所以现货市场的实际成交价格经常与期货市场不一致。

（4）红小豆可以用来制作小豆糕，但在价格贵得离谱的时候，小豆糕的制作厂家就不再买红小豆，而买它的替代品。有很多豆类可以代替红小豆，例如芸豆、金时赤豆、花扁豆，等等，这些代用品的价格与红小豆的价格虽然有关联，但具体是一个什么关系还搞不清楚，至少是不透明。

（5）拿到现货市场卖的时候，品质好的红小豆可以卖一个好价钱，拿到交易所交割的红小豆品质差一点也没有关系，只要刚刚够合格线就可以了。所以一般投资者在交易所承接现货明显地很不利，常常把大量质次的红小豆承接过来。有人讽刺道："交易所是垃圾场。"因为承接过来的红小豆常常是过期的、价格下跌的、品质差的、分量不足的红小豆。

日本一直存在一些专做红小豆期货的职业炒手，他们的资金量一般不是很大。

我在 1954—1957 年那几年经常去北海道，那时从第二次世界大战以前就开始做红小豆期货的一批老职业炒手大部分还活着，我经常在小樽镇的料理店请他们吃饭或把他们请到家里来，向他们请教期货。

本书我要介绍的主要是我 40 年的期货经验以及这些成功者的实际操作方法。

本来我只想写我自己的操作方法，但我的方法很狭窄，在教徒弟的时候也常常被顶撞。

例如有一个人刚来的时候说："吃多少苦都可以，就想学好红小豆期货。"我刚教他"没有必要看成交量指标"，"绝对不要承接现货"。他有不同的看法，给我个不辞而别。

还有一个人，我像对待自己家里人一样诚恳地教他，告诉他："你现在的水平还未到火候，应该过一阵子再学对冲技术，所以现在不教你，你也不要偷着做。"

"藏着掖着，你真小气呀。"

他也不再来了。本来我打算花几年时间好好把他教会，但他自己在学了一年多的时候主动放弃了。如此一来，就半途而废了。

所以我决定，不单写我自己的经验，也增加一些以前流传下来的原则和专家、成功者的方法。

在本书中我自会提供优质的信息，但是不管别人的东西多么好，最终还是需要确立自己的方法。这件事谁来做？不是别人，就是你自己哟！

如果你想成为职业炒手，除了要遵守原则以外，还要不怕吃苦费力，努力构建理论与实践相一致的自己的方法。

最近7年来，活跃在红小豆期货市场里的庄家和大的机构投资者的操作手法发生了显著的变化。

战后的红小豆市场，庄家大战依然不断。但早期的庄家战，逼仓的多头多以失败告终。

当年轰动一时的红钻石事件，三菱商社饲料部与吉川商店大打出手，结果是多头赔掉13亿日元败退。在那波行情中，我跟随多头做多也损失惨重，好久才缓过劲儿来。

后来，在当年美智子（现皇后）结婚的时候，因为举国祝贺，电视机价格猛涨，制作小豆糕的原材料红小豆也价格暴涨，伊藤忠商事在红小豆现货市场倾全力购入红小豆，同时在期货市场上逼空，据说最后伊藤忠商事也亏损了7亿日元，行情才消停下来。

之后，米商增山氏花了3年时间大规模买入红小豆囤积起来，进行逼空。多空矛盾激烈，到后来连黑社会也介入了，死了好几个人。

以上这些逼仓都以失败告终。但最近7年来，庄家和机构投资者的现货吸货、期货逼仓的手法发生了一些变化。主要特点是：

（1）事先进行周密的供需状况调查，并基于调查结果制订计划。

（2）与农协结盟，调整红小豆当年上市供应量。

（3）与期货公司搞好关系，联合进行价格操纵。

（4）选择有利的市场和月份开仓，灵活运用对冲手段来回避风险。

遥想当年三菱商社和伊藤忠等逼仓操作，如果采取了这些手法也就不会败得那么惨了，至少对冲手法能够大大降低危险程度。这些新的做法超越了前人，在红小豆行情的历史上是划时代的。机构把逼仓作为一项生意（business）来做了。

这些东西正是靠红小豆期货赚取生活费的小户职业炒手最需要学习的东西，这些专门技法就像堡垒一样，替他们遮挡住像雨点一样密集的子弹，使他们幸存下来。因此我想加上这些东西，这本书会变得更有价值。

我希望读者拿着一个笔记本放在腿边，边读边做笔记，最好用皮封面的上好笔记本，不要用铅笔，要用水笔认真记。

林辉太郎

1993 年 11 月 1 日

目　录

第一章　综合事项 …… 1
一、容易忘记的常识 …… 1
二、气候与价格变动 …… 3
三、期间与周期 …… 5
四、资金量问题要时常放在心上 …… 7
五、图表陷阱 …… 9
六、等待出动的时机 …… 10
七、一年当中持仓的时间只有一半以下 …… 12
八、止损 …… 15
九、现货知识 …… 17
十、重要的不是价差的理论而是具体的交易方法 …… 19
第二章　建仓 …… 21
一、月份的选择 …… 21
二、价格与周期的关系 …… 22
三、试验头寸的灵活运用（1） …… 23
四、试验头寸的灵活运用（2） …… 25
五、交易的准备 …… 27
第三章　周期与季节 …… 28
一、易读的走势图易做 …… 28
二、长期的波动 …… 29

三、不管怎么划分，9月是基准 …… 30
四、周期搞乱 …… 32
五、收获期是基准 …… 33
第四章 交易 …… 35
一、有关必胜法 …… 35
二、总之要走正确的道路 …… 36
三、能够耐心等待的人方能生存下来 …… 38
四、底的预测 …… 40
五、红小豆秋天的底部 …… 42
六、亏了大钱 …… 43
七、估计不可能赚回来 …… 44
八、他儿子的问题 …… 45
九、太频繁的交易 …… 47
十、“休息”是必要的 …… 48
十一、消极一点才是盈利的源泉 …… 48
十二、有效运用试验单 …… 50
十三、金钱游戏 …… 52
十四、结论总是模糊不清 …… 52
第五章 成功与败退 …… 54
一、为了获得感觉 …… 54
二、实行力比理论更重要 …… 55
三、要想盈利，还是需要掌握踏波的感觉和技术 …… 57
四、不同品种之间的差别 …… 58
五、借高利贷来做期货 …… 58
六、称得上是一个高手 …… 59
七、必须开一下试验单 …… 60
八、所谓“绝好的机会”只是你自己那么想 …… 62
九、水平虽高却赔钱 …… 63

第六章 交易技法 …………………………………………………………… 65
一、要习惯3个月周期 …………………………………………………… 65
二、价差理解的初步 ……………………………………………………… 66
三、有利的价差是什么样的? …………………………………………… 67
四、没有绝对的时候 ……………………………………………………… 67
五、踏波的基础 …………………………………………………………… 68
六、未知的波动 …………………………………………………………… 68
七、只要不亏就行 ………………………………………………………… 70
八、精神负担大 …………………………………………………………… 71
九、谨慎不等于消极 ……………………………………………………… 72
第七章 成功、失败的分水岭 …………………………………………… 75
一、10小时1个人自杀 …………………………………………………… 75
二、破产的故事令人悲伤 ………………………………………………… 76
三、谁一开始资金都很少 ………………………………………………… 77
四、亏得精神异常 ………………………………………………………… 77
五、误解 …………………………………………………………………… 79
六、稳定盈利 ……………………………………………………………… 80
七、掌握技术 ……………………………………………………………… 81
八、巩固基础 ……………………………………………………………… 81
九、工具 …………………………………………………………………… 83
十、1个月或3个月 ……………………………………………………… 86
十一、开始正式盈利 ……………………………………………………… 87
十二、从挫折处站立起来 ………………………………………………… 87
十三、成功者的话 ………………………………………………………… 88

第一章

综合事项

一、容易忘记的常识

所谓综合事项，就是那些不管在哪个阶段(初学者还是老手甚至是职业炒手)、不管哪个流派都会碰到的问题。

这些问题有两种：①谁都懂得的常识性问题；②违反常识的问题。

大家都懂得的常识性注意事项，容易被人们忘记。而违反常识的注意事项，又常常不被大家列入考虑范围之内。所以现状就是一进入交易状态就把原则忘得一干二净，既想不起来，即使偶尔想起来了，也不遵守。为什么会这样呢？因为正宗的东西往往从不张扬，所以交易者的注意力常常被其他五光十色的东西所吸引，而忘记了根本。诸如内幕消息等，本末倒置。

举一些例子。

满仓操作是破产的根源。

这一条大家都太熟悉了，但由于欲望占上风，这句话往往被忘得一干二净。另外的警句还有：

盘中不要老是打听价格。

这一条也常常被交易者抛之脑后。资金本来就不是十分宽裕的人，一旦把仓位开得比较满，就时刻在意价格波动，担心价高或价低，白天(交易时间段)会多次打电话到期货公司打听价格。交易者明知这样做不好，但由于冷静不下来，还是不由自主地时刻惦记价格。

处于这种状态，即使行情向着自己希望的方向发展，本该盈利的单子，等平仓出来也会以亏损告终。为什么？有两种可能：①一时被套陷于水穷山尽的境地，一旦价格反转，向着自己希望的方向发展，本该多持有一会儿等到盈利后才获利了结，但被套带来的阴暗心理过于沉重，一旦解套就匆匆出来，再也顾不得继续持仓直到盈利了。②白天打电话向期货公司打听价格，最后总是忍不住问“今天为什么会涨”或“今天为什么会跌”，本末倒置，忘记了根本，再也拿不住单子，一遇到洗盘就乖乖地交出筹码。这时候注意力全被头寸的盈亏所吸引，再也不关心行情的走势。为了避免出现这种情况，就要留出宽裕资金，使心情不再那么紧张。心情放松的话，走势与预判一致的时候，正好是意气风发，精神振奋的时候，如果太紧张就会发挥失常，把本该盈利的单子过早平仓。

有各种各样的原则，这些都是前人总结出来的经验，你能否在市场立足全赖你能否遵守这些原则，但同样的内容表现为原则有不同的语气。有的比较权威，告诉你不可以如何如何；有的比较亲切，告诉你应该如何如何，还有的比较中性，告诉你，如果你怎样做的话，就会发生什么结果。例如，同样一句告诉你不要满仓的原则，可以有三种说法：

①风筝的线不可放得太长；做期货，仓位不可太满。→不可如何如何；

②资金的使用要留有余地。→应该如何如何；

③满仓操作是破灭的根源。→如果怎样，就会怎样。

这三句话是同样的意思，只是说法不同。

做期货的人的性格千差万别，有的人很虚心，告诉他不可如何如何，他就会虚心接受并遵守；但有的人则有逆反心理，你不让他这么做他偏要这么做，这样的人不适合选择第一类原则，应该尽量选择与自己性格相合的原则以便于遵守。因为不合的话，勉强遵守很难持久。

原则的表现形式非常简单，如格言、谚语、短句等，每一条都是一个原则，不像论文那样用三段论严谨地推理，因此往往不容易受到重视，而且质量参差不齐，其中有一些意思比较抽象，还有一些意思模棱两可，因此给人胡说八道、水平低的印象。但原则是前人智慧的结晶，虽然宝石常常混杂在沙子当中，但有不少人成功的原因很简单，就是因为把偶然获得的原则奉为金科玉律，长期遵守，才最终得以偿到成功的滋味。

二、气候与价格变动

战后，个人做红小豆期货最成功的人是晴披留作先生。他在谷物交易所后面的一片露天空地上经营着一家白铁工厂，叫三和铁工所。某日晴披留作先生心血来潮想做做红小豆期货试试。立刻他就被红小豆期货的有趣所吸引，欲罢不能。但交易成绩不理想，不久即开始亏损，工厂也倒闭了。

晴披留作先生起了一个念头：步行，到处拜访早年大米期货时代硕果仅剩的几位年逾古稀的成功者，乞求他们教他。晴披留作把需要遵守的事项逐条记录在一个笔记本上，这个笔记本是一个很考究的笔记本，皮制封皮、用镀金的边裱装过，平时就放在工厂的红木古桌上。晴披留作把这个笔记本称为圣经，每天独自一人整天读这本“圣经”，但其他人谁也别想看一眼其中的内容：他不让看。

我当时就职于一家期货公司，公司也在那片露天空地中，距离三和铁工所 100 米左右。红小豆是场节交易，每天分 4 次集合竞价。晴披留作先生经常在前一节与后一节之间的休息时间到我们公司来玩。

有一天，我的老板、公司的社长打趣问道：“红小豆快到了买入的时候了？”

“是的。”

“你那本写着该买了吗？”

“是啊！”

看到晴披留作先生一脸认真的样子，好开玩笑的社长也不再继续嘲笑他了。

对晴披留作先生来说，这个笔记本是绝对的圣经。他时刻放在身边，反复阅读，作为交易的指南。

晴披留作先生喜欢早晨初生的太阳，在自己的门上画一个圆再写一个“旭”字，其意思也许是由于太阳的恩惠使他自己充满了活力。

晴披留作先生常常挂在嘴边的一句话是：“人胜不了天。”

随着红小豆栽培技术的进步，在育苗阶段，人类已经能够让红小豆稳定生长：先把种子用含有肥料的水泡过让其发芽，然后将其移植到田里。但在移植到田里以后的阶段(即幼苗成长、开花、成熟阶段)，人类还没有稳定的技术，还是靠天吃饭，产量受天候左右，即使再努力产量也不能稳定。遇到天候不好的年，没有任何解决方法。

既然产量由老天爷决定，那么红小豆期货最值得一提的就是下面这句谚语：

秋做多，春卖空。

冷冻技术进步了，捕来的秋刀鱼可以冷冻保存了，但在捕鱼的旺季，秋刀鱼的价格还是比平时便宜。萝卜在大量上市的季节也比平时便宜。红小豆也是一样，一到收获的秋季，不可思议地会传来各种各样的消息：

“现在买红小豆不划算，还会更便宜。”

“国内库存还消化不掉，外国过剩的库存红小豆还在低价进口，香港人急着卖掉他们那里的红小豆。价格还会下跌。”等等。

但是，只要地球的南极和北极不颠倒过来，虽然每年到来的时间并不一定，前后错落，红小豆俨然存在着一个“秋底”。红小豆价格的秋底，这是我从一个年逾古稀的专做红小豆期货的老者那里听说的。他是一个成功者。他告诉了我不少红小豆行情规律性的东西。年成的好坏决定了秋底到来的迟早。

灾年，秋底会姗姗来迟。

当年年成不好的消息很早就会传到大家耳朵里，价格会被炒高，秋季的低价直到灾年的事实被确认的时候才会出现，因为那时行情已经进入材料出尽后的整理行情，形成秋底。

平年的秋底是 9 月 26 日；

丰年的秋底提前两个月到来，是 7 月 26 日；

灾年、颗粒无收年的秋底推迟两个月到来，是 11 月 26 日。

以上是那位老者说的。

还有一个人说，丰年、灾年与平年相比，秋底应该早或迟 3 个月。也就是——

假如，平年的秋底是 9 月 26 日；

那么，丰年的秋底提前 3 个月，是 6 月 26 日；

灾年的秋底推迟 3 个月，是 12 月 26 日。

为了确认哪个说法有道理，我取来小樽杂谷交易所 20 年来的数据，用 1 毫米表示 1 天，绘制成一张宽 1 米、长 73 米的红小豆期货价格走势图。发现古稀老者的说法更加符合实际情况。我的图把 1 月 1 日作为第一天，9 月 26 日是第 269 天，取的是平均值(出现最多的天数)。

三、期间与周期

期货的格言有很多并不靠谱。我知道有两个最烂的格言，其中一个格言表达出人们对捉摸不定的期货价格的无奈："已经变成了还没，还没变成了已经。"另一个格言是："人迹罕见之路通向花山。"

这两个格言貌似很有道理，但实际上它们绝对不属于法则。

既然没办法知道现在到底是"已经"还是"还没"，当然不知道现在是"已经"还是"还没"。

"要想逆众人而行，前提是必须明白众人前行的方向。"

"既然你连众人前行的方向也判断不出来，那么你不可能做到逆众人而行。"

以上两个格言都是逻辑上兜圈子的悖论。

格言的内容越具体越好。模棱两可的格言没有实用价值，那不叫格言，只是文字游戏。

从时机上说，当觉得"已经"差不多了的时候，实际上往往"还"早。觉得"还"早的时候，实际上"已经"应该开仓。价格总是与大众的人气逆向而行。

第二个格言的意思是与众人行为逆向而为能够盈利。

红小豆春天的高价出现于1月至3月，那是秋底之后的第3个月。

人们很早就知道，红小豆的价格存在着季节性的波动，大约在春分前后7日左右红小豆价格触底，因为春节和春季旅游的需要结束了，北海道地上的积雪开始融化，可以到农民家里统计库存了，计算出到青黄不接时为止的供应余力。如果供应余力大，供应过剩的人气会造成价格下跌，导致触底。所以结论是“春天应该卖空”。

这种情况也不限于红小豆期货。股票也存在着通用于全世界的原因不明的周期性价格波动规律。一波行情的转折点常常出现在第3个月或第6个月。外行对这种现象不仅视而不见，你这样提醒他，他还常常反驳你。

3个月或60个交易日是波动周期的基准。

详细情况请阅读我的另一本书《波段交易法》。在那本书里我做过统计，每隔60个交易日(3个月后的同一天)买卖反手，即使没有在转折点介入，抛开特殊的一边倒的趋势行情以外都能够盈利。

在下跌中途开出的空单，平仓时间应该从顶部最高日开始起算，以3个月以后的同一天为目标进行平仓。

行情触底后开始上升，如果在第一次回调时买入，那么自触底之日起至3个月后的同一天，可以一直持有多单。

在江户时代就出现大米期货行情。我在江户时代的书籍里没有找到“3个月”的说法，但有不少书中写有“3个月告一个段落”，“两三个月必至”，“两三个月震荡期”，“2月顶，五六月下跌”，等等，无不是让人们注意建仓的第3个月。

为什么外行不遵守这些规则呢？就因为这些规则太平凡了，属于常识。外行的注意力总是被各种光怪陆离的消息所吸引。

规则曰：

关注3个月周期；

以3个月为基准注意行情涨跌；

每隔3个月重新审视自己的头寸。

不管你选哪个规则遵守都行。把“3个月、3个月”当个咒念，时刻念叨也行，只要牢记在心就行。

一年生草本植物的红小豆，它的期货行情的波动规律呈现出非常清晰的 3 个月周期。我把这个规律告诉一个刚开始学做期货的人，他不屑一顾。

他说："你说 3 个月左右一个转折，指的是 1 到第 3 个月还是过了第 3 个月？第 3 个月的月初是 60 多天，月末是将近 90 天，我应该在哪天开仓呢？这当中的范围也太大了。你看去年这波行情，从最高价到最低价花了 75 天，你说 60 天就会反转，两者的误差有 25%，误差范围这么大，怎么能够作为开仓的基准？"

我告诉他："是大约 3 个月。"

他说："假如在下跌行情的第 60 天买入红小豆期货，可下跌一直持续到第 75 天，我开仓后根本等不到行情反转就会被期货公司催促追加保证金了。这样的法则还不如没有。有没有准确告诉我哪天开仓的法则？"

我回答："如果存在这样的法则我还想知道呢。"

世上哪有这样的好事！只要买入以后，就讨厌下跌？只要卖空了，就不希望行情再涨？

他的思路已经固定在猜行情上面，他不知道应该先用试验头寸试一下，他也不知道建仓的时候应该分批开仓。也许这些他都知道，但他依然喜欢抱着不切合实际的幻想。他的那些希望究竟是希望还是理想？还是白日做梦？他所希望获得的法则简直是疯狂的法则。

行情绝不是那个样子的。

四、资金量问题要时常放在心上

商品期货的杠杆效应很高。就是说交易总金额与保证金的比率极低。股票的信用交易的保证金率是 30%，其杠杆效应是 3.3；商品期货的保证金比率因品种不同而异。举两个例子。

黄金	合约价值 120 万日元	保证金 6 万日元	比率 1/20
红小豆	合约价值 100 万日元	保证金 7 万日元	比率 1/15

商品期货的保证金率大致在 1/10～1/20，杠杆效应在 10～20 倍。比如红小豆的杠杆效应为 20 倍，合约价值为 100 万日元，保证金率为

5%，则保证金为5万日元。用5万日元的保证金买入1手，如果方向正确，就有5万日元的利润，资金变成2倍，如果做错，亏损5万日元，资金全部输光。

1993年这一年红小豆期货的行情波动比较大。如果在这年年初用10万日元买入1手红小豆期货，把超过手续费以上的波动都赚到手，浮动盈利每增加10万日元就加仓1手，到年底就会变成1.4亿日元。当然这是纸上谈兵，下跌行情的利润也很惊人。我们再算算看：假如8月份高位到12月份低位，红小豆期货有6600日元的幅度，如果把这波行情全赚到手，1手能挣52万日元，10手盈利520万日元。100万日元的资金只拿出10万日元来做，把这波下跌行情全部赚到的话，年盈利率是520%。如果赚到一半，年盈利率是260%。如果赚到1/3，年盈利率是170%。一年只做一波行情就这么厉害。

新手总喜欢按照最顺利的情况计算，梦想只做1手，通过浮动盈利滚动加仓，不多久就能够成为亿万富翁。水平高的人或职业炒手一般比较客观，他们一般通过头寸记录计算出年盈利率是多少。那么，开仓的时候资金留出多少才合适？

古书云：

看到上涨的苗头以后，顺势买入最多只买1/3；

加仓，1/3；

对冲，1/3。

就是说，开仓只动用不到总资金的1/3。

单方向头寸最多只开1/2。

还有一些人习惯于仓位最高只开半仓的做法，就是把资金留出一半作为备用。例如有1000万日元的资金，算得富裕点1手是20万日元，那么只能开25手就达到1/2的仓位限额了。1/3的仓位限额的话只能开16手。

资金留有余地的话，心情就不那么紧张，交易状态就会发挥良好。但是很多人都喜欢满仓交易，比如红小豆期货1手需要7万日元保证金，账户里一共只有70万日元，就要买卖10手。当然，从规则上说的确可以买卖10手，但这样已是满仓了，稍有逆向波动就需要追加保证金。为此，交易者成天处于紧张状态。

买入成交价逆向波动 350 日元就会被要求追加保证金。如果继续逆向波动的话就会继续被要求追加保证金。

精神紧张，是因为非常刺激。只要尝过一次滋味，就会像吸毒上瘾一样，成天追求刺激，不刺激就感到自己好像没有做期货一样。

为了不陷入这样的状态，最要紧的就是：

资金量的事情要时刻放在心上；

资金的增加皆在计划之中。

新手很在意每次交易的盈亏结果，赢钱则喜，赔钱则忧。用正确的方法计算出盈利率(盈利率=盈利金额÷总资金)，冷静而有计划地思考交易，这样才能更快地提高交易技术。但新手非得经历多次打击才能明白这个道理。

就拿一般的投资者看不上眼的 30%的年盈利率来说，如果连续 5 年都保持每年 30%的盈利率的话，第 5 年的资金就变成 3.7 倍，10 年的话就是 13 倍。1000 万日元的资金 10 年就变成了 1.3785 亿日元。

欲速则不达。危险的近路，不如安全可靠的远路。

五、图表陷阱

必须了解什么图表是干什么用的。有些图表只能显示商品的长期走势，并不表示价格。远期合约连线图就是这样的。不知道这一点，刚入期市就会糊里糊涂地亏掉一些钱。

观察长期走势，日本人喜欢用远期合约连线图。将每个合约在新上市的那个月的走势连接起来，但过了那个月，上个月刚上市的合约就不再是远期合约了。远期合约连线图由于消除了上市的价差跳空，所以其价格并不能反映实际合约的价格，但便于观察商品的走势。在商品期货中红小豆期货的价差变动最大。

不可购买升水价差的远期合约。

在日本，远期合约就是主力合约，参加者最多。新手往往喜欢购买远期合约，因为远期合约距离交割的时间最远，即使做错方向也可以长久持仓，赌一个转亏为盈的可能性。但实际上买入远期合约有很多不利之处(译者注：在中国，远期合约根本就没有参加者，所以倒不存在这个危险)。这是因为：第一，远期合约是要空出来建立对冲头寸的。第二，远期合约随着时间的推移，升水价差渐渐缩小，造成多单亏损。

比如1月份合约至6月份合约，每相邻两个月之间的价差是200日元升水价差，那么当期合约与远期合约之间的价差就是1000日元。假如现在的远期合约的价格是12000元，那么6个月前买入当时的远期合约——1月份合约的人，现在该月份已经变成当期合约了。现在的1月份合约的价格只有11000日元。

①	②	③	④	⑤	⑥
11000	11200	11400	11600	11800	12000

6个月前红小豆的远期合约1月份合约的价格是11500日元，我们单看远期合约连线图，以为远期合约上涨了500日元，实际上1月份合约在这6个月中下跌了500日元。

六、等待出动的时机

不管是股票也好还是商品期货也好，交易的行动意欲是从顶底开始的。这里所说的“顶底”并不是指顶部最高价或底部最低价，而是指顶部范围和底部范围。

上涨行情要靠做多赚钱，下跌行情要靠做空盈利。但重要的是，不经过相当长的时间，谁也不能事先知道顶底。

当然，我们做期货的人经常进行预测，顶底的预测非常有趣，但是心情如果被顶底牢牢牵住的话，每天就会不断地预测，老想抄底摸顶。比如，开盘前想，今天价格会触底。但一天过去了，价格并没有如自己想象的那样触底，于是把当天的消息和波动考虑进去，重新再猜想底部最低点会在哪里。每天都在猜顶底，每天都在推翻前一天的想法。一般来说，突发的消息对心理影响最大。交易者的想法往往随着消息而不断变化。因此，不要指望能够做到精准预测，最好明白，预测只是一件粗略大概的事情。因为预测总是伴随着很大的误差。交易者以为行情已经完全到达了底部最低点，那只是他自己在这样想而已，这样的想法是相当不靠谱的。顶和底，都是在经过相当长的时间回过头来看，大家才恍然大悟，哦，原来那就是底部。

价格跌去很多，交易者很激动："这里就是底！"

没有想法就没有行动，没有行动就没有仓位。交易者的想法和行动本身没什么问题，但只要发现自己想法错了，就要虚心认错。如果开有多单的话，最好老老实实地平仓。

红小豆期货的成功人士立川先生说过这样的话："等待出动的时机。"

1. 往好里说，一年也就做四五回

有一天，一个看上去比我年长 10 岁的人来到我的事务所。他说："我在 30 多年前与您谈过好几次话，您还记得我吗？"

我想了半天也没想起来。

"××公司的立川。"他提醒我。

终于想起来了。××公司发行的红小豆行情报告是很有名的。立川在公司里的工作是专门写红小豆的预测报告。

现在，他是来购买我写的红小豆行情报告。当年京樽发生火灾的时候他也来看过我。他做了 35 年红小豆期货，吃过不少苦头，最后终于在红小豆期货交易上获得成功。这次他到我的事务所来，谈了一些感想，他的话读者也值得一听，我将他的一段话刊载如下：

以前我非常喜欢做红小豆期货，但不管我多努力总是做不好，没办法，我只好进一家公司打工，工资很低，工作是给前来咨询的投资者讲解。上班工作的同时我总在反省自己为什么老是做不好。有一天我终于开悟了，领悟之后我的期货交易变得很顺利，靠期货的盈利把房子都盖起来了。

我悟到了什么呢？我悟出的东西与技术分析无关，那就是"等待"二字。

做期货，不是靠拼命努力就能见效的，与价格波动不合拍就不能盈利，所以必须等待合适的时期。

林先生上一期的报告写的是“现在马上想赢钱”的投资者。来我这里咨询的投资者当中，也有许多人开口就问：“有什么办法能够马上盈利?”这种情况令人不胜厌烦。我相信这样的人是绝对不会盈利的。只有能够耐心等待的人，才能在期货的世界里生存下来。实际上每年能够赚钱的机会，往好里说，也仅仅只有四五次。”

希望读者在自己出动的机会到来之前，也学会耐心等待！

2. 两个人的30年悟出的东西

读了上一期报告的读者打电话来说：“立川先生悟出的东西知道了。林先生悟出的东西也请写一下。”上一期中，立川先生说的“等待出动的时机”，我也完全持同样的意见，但本期报告，我打算写一写下一个阶段的东西。

当年，我当期货公司社长的时候，公司的业务部和研究部的人做了一个统计，统计了一下盈利的人和亏损的人的行为特点，发现亏损的人有一个共同的特点，那就是满仓建仓。

据统计，不管是炒股也好还是做期货也好，满仓交易的人最后结果都不好。

那么，仓位多大合适？古谚说得好：“单方向头寸三分之一。”这就是说，做多也好做空也好，资金的三分之一是极限。为此，需要灵活运用试验头寸，分批开仓。

当认为该到自己出动的时机了，即使有1000万日元的资金，出发的头寸绝对只能开1手。做期货总是要面对很多不确定的东西，慎重行事能使自己立于不败之地。“等待出动的时机”，即使到了出动的时机，“也不要孤注一掷”，这就是立川和我悟到的东西。

七、一年当中持仓的时间只有一半以下

说是等待出动的时机，并非时机未到什么也不干的意思。一般投资者对此误解甚大。时机未到什么也不干，成天喝酒、睡觉，那不

行。还要记录每天的价格，绘制走势图，像狙击手一样时刻瞄着出动(做空、做多)的时机。

不同的人对出动时机的理解是不一样的。例如，喜欢逆势操作的人会在价格到底之前逢低买入；喜欢顺势操作的人会在价格触底，出现上升苗头以后才开始买入。做法形形色色，反映了个人的习性，正所谓“该轮到自己出场了”。即使已经进入了上涨行情，如果认为还没轮到自己出场的次序，那也不能买。

那么，什么也不干的时机有多长呢？一年当中有 6 个月以上。这叫“休息”。一年不休息一半以上是赢不了钱的。

1. 空仓状态是常态，仅在次序轮到自己之时出动

休息的形式因人而异。例如，某人趁秋天红小豆期货的价格较低，逢低买入，准备在春天卖出。后来他发现，春天果然是行情的顶部，但他认为还没到出动的时机，于是就放弃做春天的这波下跌行情，夏天行情底部到来以前，他什么也没干，一直空仓休息。

还有一个人比较喜欢做短期交易。在秋天的上涨行情大约有 3 个月，他只做其中的 1 个月，其余 3 个月在休息，春天的下跌行情他也只做了其中的 1 个月。他就是这样，做 1 个月，休息 2 个月；再做 1 个月，再休息 2 个月。一年当中持仓的时间是 4 个月，空仓休息的时间是 8 个月，空仓休息的时间远比做期货的时间长。

2. 不要没完没了地做期货

因为终日无休止地做期货的话，由于千篇一律，开仓会变得马马虎虎。市场有风险，所以不能一直处于持仓状态。但一个高手有一个习惯，有事没事总喜欢开着一个头寸。在旁人看来这简直是毫无用处的废头寸，但对他本人来说很重要。例如，当新的合约上市之时，他会开 1 手空单。看看行情向那边走；当行情下跌很久，他还会开 1 手空单，这并不代表他看空后市，而是想看看行情有没有止跌，是为了寻找做多的入场点而故意开 1 手空单试验。但即使如此，有时候也彻底贯彻空仓原则，有的时候 1~2 个月不做期货。

至于试验头寸和加仓头寸，不管股票也好期货也好，是一种被大

家广泛应用的方法。具体方法因人而异，千差万别，看上去虽复杂，其实很简单。

3. 要灵活运用试验头寸

因为预测的顶底都是很不靠谱的，而且“该轮到自己出场”的判断也许是一个错误。能否巧妙地踏在到来巨波的一片浪花上，也需要试验头寸的测试才能明白。

我举一个顺势操作的试验头寸、正式头寸开仓方法的例子。

资金是 1000 万日元，最多准备开仓 30 手。

不管资金有 1000 万日元也好还是有 2000 万日元也好，试验头寸都只有一两手。如果开 5 手试验头寸的话，就等于提早一步踏入破产之路。期货界多年流传下来的铁则是“出发的头寸数量要少”。不错，趁巨浪落下之时巧妙地踏在了浪花上。试验头寸方向对了，于是开始建立正式头寸。具体做法就是试验头寸之后的加仓方法。

加仓技术奥妙无比，学习者必须充分理解，加以实践，且万不可忘记。

4. 不要急着加仓，加仓的机会有的是，不急

“不赶紧加仓，盈利就会逃跑了”。这种想法要不得。加仓之举，成，固然可喜；不成，也得学会欣然对待，因为没加成仓也并没有亏钱。

“踏在了浪花上，仓位就要尽量大，拿的波幅也要大。”道理当然如是，但凡事都有个限度。考虑到价格的不确定性和自己的欲望，平时把危险性考虑得再严重也不过分。这种警觉性除了在实践中培养，别无他法。

5. 只要没亏就行，把危险性想得严重一点

这根弦，从初学者阶段开始直到变成老手，也是一直不能松懈的。

八、止损

止损操作与“勿时刻交易”“有意识地空仓休息”二原则有关，也与增减仓中的减仓操作有关。但与增仓相比，减仓操作更难。在期货的头寸操作里，最难的就是止损。止损要是会了，那此人在期货上的成功就等于打了包票一样。

“期货是持续失策的游戏”。

等待时机。下一个试验单，试一下感觉，感到自己出场的次序到了，就开始建立正式头寸。

但是，总感觉哪里不对劲。思来想去。

之前如此慎重地等待时机的到来，也是小心翼翼地按照规定的顺序开仓的，现在却感到不对劲，这本身是不是一种错觉呢？或者，我既然是这么慎重地开仓的，大方向应该错不了，这种细小感觉一定是由于神经过于紧张而被夸大了。但是，这种自我安慰对做期货的人来说是绝对要不得的。只要感到不对劲，不管这种感觉的来由如何，马上把不好的头寸平仓。不管正式头寸群是刚开始建还是建了一半，都应该马上平仓。因为即便错过此时，机会还有的是。机会永远存在。

但是，“说起来容易做起来难”，这句话仿佛就是专门为止损而造的。止损的执行就是这么困难。

举一个例子。

股票到了 1989 年涨疯了，我在 1988 年 5 月黄金周连休一结束，就把手上所有的股票都卖掉了。

有一个长年交往的、比我年长的股票专家对我说：“你卖早了。”他的股票没卖。我于 1989 年 6 月 26 日、新日铁股票 840 日元的时候开始卖空这只股票，这个时候这位股票专家也说：“还会往上涨，现在卖空是否为时尚早？”1990 年 2 月，股票开始暴跌。这位专家来问我：“（我股票）没救了吗？”我简短地回答：“没救了。”

股票专家带着哭腔说：“虽然我也早知道我的股票留不住了，但是抱着一线希望，也许在你那里能听到让我保留股票的意见，才来问你。昨天夜里我给证券公司打了电话，让他们帮我把股票全部卖掉，但今天早上我又把昨夜下的卖出指令取消了。明明应该止损就是下不了决心。真是难以启齿。我都快疯了。”我说：“你去一趟香港吧。”股票专家说：“香港？我不想去。”我说：“你今夜给证券公司打电话委托卖掉股票，明天一早你已经坐在飞往香港的飞机上，即使你改变主意也取消不了卖出指令了。不这么把退路堵死，你那死多头的脑筋拐不过弯来。”

“行。”股票专家去了他平时根本不想去的香港。回来的时候给我带来了 XO 酒。

遇到大的牛市行情，即使是专家也很难做到急流勇退。特别是坐上了轿子的人。也正是因为坐上了轿子，尝到了甜头，止损的执行才变得特别困难。

在上面这个例子当中显得很伟大的我，止损的执行做得怎么样呢？

我从当年做红小豆期货开始，已经做了 40 年的期货了。但就在最近，1991 年春天的这波上涨行情，我逆势逢高卖空，迟迟下不了止损的决心，但我也感到手里的单子不对劲。暴涨那天，我在定盘开盘 10 分钟前给期货公司打完平仓的委托电话就对事务所的人说：“我出去散一会儿步。”因为我考虑到如果不出去可能忍不住又把平仓指令取消了。

当然，仓平得一点没错，如果那天不平仓，我就惨了。

那位去香港旅游的股票专家在更大暴跌到来之前，把股票被套多单平仓。我在暴涨前把红小豆期货空单平仓。我们都对了。如果再晚一步，就会蒙受更大的损失。

还有很多未尽之言，很难一下子刹住。有很多人抱牢高位被套的股票，每天过着抑郁的生活。不管把这叫头寸管理也好，资金管理也好，总之，对失败头寸的处理要尽早进行。头寸的数量越多，止损的执行越困难。所以一开始要用试验头寸。但不管试验头寸也好，正式头寸也好，一旦发现错了，平掉失败头寸是第一重要的事情。

九、现货知识

有读者写信来，也有读者打电话来，要我写一写红小豆的基础知识。这些我当然会写，有关红小豆的生产、流通、消费等现货方面的知识有很多，包括北海道一带红小豆的生长发育、红小豆数据手册、红小豆的生产量、红小豆的检查以及从产地到批发市场的供应量、承包从产地运往消费地的运输任务的流通机构、杂豆的进出口、消费地的库存与消费数据，等等，这些我在后面都要介绍。但是，期货交易技术并不会因为你详细了解了现货的生产、流通等各个环节而有所提高。相反大多数情况是，由于拘泥于现货知识的条条框框，使得期货也做不好。我当年在学习现货的时候，有大量的机会向现货专家请教。有一个在红小豆品质检查机构工作的老专家，他只要抓一把红小豆在手上捻一捻，就知道这批红小豆水分太多，没有充分干燥。别人只要告诉他仓库的编号，他就知道这批红小豆是从旭川用货车运过来的还是从钏路用船运过来在上个月入库的，什么在八王子仓库里庄家还藏着 4 万稻草包红小豆，等等。他对红小豆现货非常熟悉，但却不做红小豆期货。据他自己说以前也做过，但有好几次他认为绝对看准了，重仓下注，却全部以惨败告终。所以后来他就再也不碰期货。

那他的红小豆期货交易是输在什么地方的呢？有一次，空头交割用的 60 包红小豆，被他检查出有一半以上不合格，当时现货市场红小豆缺货，空头重新购买会导致价格上涨，连带着期货的价格也可能上涨。但这个情况局外人是不知道的，身处现货中心环节的他第一个知道，因此他悄悄地预先购入近期合约，自以为必胜无疑，哪知道红小豆期货不涨反跌。原以为掌握内部第一手信息，做期货一定比一般的人有利得多，但通过实践他才知道，做期货完全不是他想象的那么简单，期货的价格波动更有其复杂的规律，有现货内部消息不等于能做好期货。

还有一个在红小豆糕点厂工作的人也喜欢做红小豆期货。他对期货的标的物红小豆也非常熟悉。有一次，他拿起一块小豆糕，掰去一块角，碾碎，放在手上对着太阳一照，说："你看到这块小豆糕的淀粉质地闪烁的光泽吧？高级的小豆糕闪烁着均匀的光泽，廉价的小豆糕光泽暗淡，掺了白扁豆粉的小豆糕就没什么光泽，一看就能看出来。"在他面前我能够看出两者的区别了，但回到家里自己看，就区分不出哪种是掺了白扁豆粉的了。据这位小豆糕专家说，他以前也喜欢做红小豆期货，但做了几年不赚钱，所以后来改做股票。

在我认识的原先是股民后改做红小豆期货的人当中，有一些人偏重于从基本面角度考虑期货问题，他们详细了解红小豆的生产状况，因为他们除了调查北海道各地区的种植面积、收获量、运出数量等数据，还调查红小豆的进口数量，是 FOB 价格还是 CIF 价格，甚至了解保税仓库的储存费用，尽管他们对红小豆现货的了解堪称专家，但没有一个人做得好红小豆期货。

记得有一年，红小豆的价格被庄家炒上了天，在现货市场上根本就买不到红小豆，人们把红小豆戏称为红宝石。在那一年，我为了学习北海道的农业气象，每天往返于气象厅。在气象预报室，有很多位预报员，其中有好几个人对做红小豆期货感兴趣，其中有一个人是在电视台负责预报台风消息的，实际上，他在红小豆期货交易上是一个成功者。他用做红小豆期货赚来的钱，夫妇两人坐上豪华游轮绕世界旅行一周，还给儿子买了豪宅，以及出资办公司。他做期货成功的原因是只做红小豆的天候行情，而且一年当中只做夏天一波行情。因此每年一到三四月份，他会打电话，与我谈论红小豆期货行情，开始寻机建仓了。

他气象学方面的知识很扎实，比如，有一次他在电话里说："鄂霍茨克海过来的一股高气压将短暂停留，看来低温的天气还将持续一段时间，等红小豆止跌以后再买吧。"他并不因为气象学方面的知识而频繁交易。只在自己把握较大的时候才出手。到了 10 月份左右他就停止交易，直到第二年三四月份为止，他一直空仓休息。

他就是由于发挥了专长，牢守住一个规则，只做自己看得懂的那一部分行情，才在红小豆期货上获得成功。

如果读者也想获得红小豆生产、流通方面的知识的话，最好与期货的学习分开来进行。但如果读者自觉不自觉地总想把现货知识与期货联系起来的话，还不如干脆不要学习现货知识。最好在期货入门以后，明白了现货对期货会有什么影响以后，再开始学习现货。

十、重要的不是价差的理论而是具体的交易方法

我为什么会写《红小豆的 K 线》?

37 年前，有一个名叫“仪间”的职业炒手在红小豆期货上赚够了钱，举行一个金盆洗手的仪式。我就在那个时候产生了写这本书的想法。

1955 年，我跟三菱商社的人和一家叫日本兴油的专门进口美国黄豆的贸易公司的人学习价差交易，画了许多价差线图。那时，有一个叫“仪间”的冲绳人每天到我公司来跟我学价差交易。

1955 年到 1957 年，红小豆期货出现一波大行情。仪间每次开仓都踩对了点，从一开始的 50 万日元，到后来 1957 年赚到了 3000 万日元。他说“够了”，立刻停手就不做了，后来用赚到的钱开了一家拉面馆。

仪间是根据线图来决定买或卖的，他的线图很简单，就是当期合约与远期合约的价差，他只看这种线图，注意价差转变的节点进行买卖，正好遇到了大行情，资金一下子像吹气泡一样膨胀了几十倍。

这个成功的例子也许有点特殊，但可以让人更加认识到价差的重要性。我也从这时对“价差才是行情”这句话有了更深刻的体会。在受到这个成功例子的刺激后，我更加专注地埋头于价差的研究之中，收集了很多资料，然后写了《红小豆的 K 线》一书，是由交易所的外围团体、东京谷物市况调查会出版的。

价差的研究所在日本和美国都有很多，但大部分都偏重于理论研究，不能与实际的交易相结合。我写的书由于是交易所相关的团体出版的，很遗憾，书中谈及具体交易的部分都被他们删除了。但是对我们实践者来说，重要的不是价差的理论而是具体的交易方法。仪间说他是关注价差变化的关节点开仓的，但在价差变化的一个月中具体进行了什么交易他没说。是不是在价差变化开始的时候建立试验头寸，

然后再分批建立正式头寸，还是等确认价差变化结束后才开始开仓?这些他都没说。这些东西不说，对投资者没有任何参考价值。具体的东西一般的人读起来很枯燥，所以一般的书很少记述，但对实际交易的人却很重要。

第二章

建仓

一、月份的选择

建仓就好像武士奔赴战场，头寸一旦被建立，马上就会产生盈亏。

前面都在观察价格波动和预测顶底，并未考虑到具体在哪个月份开仓，做几手的问题。接下来，我们就要考虑这些问题。

建仓，当然要建有利状态的仓位。要建有利状态的仓位，首先就要选好开仓合约的月份。道理可能读者都早已明白了，在升水价差的上涨行情中，购买中期合约。例如，

①	②	③	④	⑤	⑥
10000	10200	10400	10600	10800	11000

在以上几个合约中，③和④是多单建仓的月份。

同样交割时得到30公斤1稻草包红小豆，当然应该买价格最低的①月份合约，但①月份合约快到期了，所以才买③、④月份合约。但一般的投资者不喜欢购买中期合约，而喜欢买远期合约。理由是远期合约可以持有的时间最长，给人一种安心感。但购买远期合约到底是不是真的有利呢？我们拿上面这个例子来说吧。这时行情处于底部，接下来要上涨。上涨行情，交割日的价格就是整期的最高价。究竟是③还是④交割于整期最高价，现在还不知道。如果3个月后快到顶部最高点了，那③就可能交割于整期最高价。如果3个月后还处于高位

震荡，那④就可能交割于整期高点。不管怎样，③和④是应该做多的月份。

随着接近顶部，投资者感到交割偏高，价差开始缩小，这时，现在的远期合约⑥也许会变为贴水，也就是说，现在购买⑥，将来有可能不利。

二、价格与周期的关系

做红小豆期货的人一刻也不要忘记，要想方设法坐上 3 个月周期的轿子。让我们看一看，上个例子过了 3 个月，价格发生了怎样的变化？

①	②	③	④	⑤	⑥		
10000	10200	10400	10600	10800	11000		
				↓			
		③	④	⑤	⑥	⑦	⑧
		12400	12500	12500	12400	12300	12200

可见，③月份合约上涨了 2000 日元，④月份合约上涨了 1900 日元，⑥月份合约才上涨了 1400 日元。真是令人难以置信。

正确的想法应该是选择有利的月份建仓。当然，不是所有的行情都像这个例子一样典型：在底部的时候是升水价差，涨到半山腰时价差发生变化，到顶部价差渐渐地变为贴水价差。但对做期货的人来说，知道与不知道大不相同。不知道价差的这些变化规律，长期做期货下来，吃亏大得难以想象。

俗话说，做期货要让利润尽量奔跑，让亏损限于小额。实行的方法之一就是一直拿着盈利月份的头寸。

以上一个例子来说，正确的做法就是一直持有③和④月份合约的多单，一直拿到交割，这样才能盈利丰厚。亏钱的人典型做法与上述正确的做法正好相反，把被套住的头寸一直持有到交割。

拿上个例子来说，一些愚蠢的投资者认为价格偏高的⑥月份合约离合约到期尚遥远，因而买入⑥月份合约。刚买入不久，价格的确如愿上涨，乐呵呵地平掉一部分⑥月份合约的多单，剩下的利用浮动盈利加仓，大量买入⑦或⑧月份价差更大的远期合约。但行情到达顶部过后开始下跌，买入的头寸亏损巨大，被期货公司催促追加保证金。只好减仓，砍掉一部分多单。但随着行情下跌，不久又被催缴追加保证金。再次砍仓。剩下的多单以整期最低价交割，亏损幅度巨大，损失惨重。真是运气不佳外加连遇不幸，雪上加霜。

反观购买③和④月份的合约者，却是在整期的最高价处交割平仓，盈利丰厚。

读者读着上面的说明文字也许暗自好笑，但一旦自己也陷入同样境地的话，恐怕思考能力也会变得迟钝，同样变得束手无策。正如墨菲法则所揭示的那样“渐渐地走向破产的地步”。

当你发现自己没有跟上行情，或者行情的流动方向发生变化时，你必须立刻止损，放弃所有已经制订好的自以为万无一失的计划，为了生存，必须把仓位清空。因为机会永远都存在，不仅限于当下才有。

三、试验头寸的灵活运用(1)

试验头寸，正如其字面意义所表达的那样，是为了试验而建立的头寸。其目的有三：①确认自己的强弱观；②试一试手感；③检查一下自己是否能坐上随着行情之河流动的小舟。为了达到试验的目的，只要最少的数量即可。只开 1~2 手就可以了，我还没见过开 3 手以上试验头寸的人。

保证金有 5000 万至 1 亿日元的人，试验头寸也只开 1~2 手。

在第二次世界大战以前做期货的人把试验头寸称为斥候头寸。二战结束以后，老一辈的职业炒手还是这么叫，新一代做期货的人很少有人称斥候头寸，因为现在的年轻人不知道什么叫作斥候。斥候，就是古代的侦察兵。

记录价格，绘制走势图，调查环境，等待出动的时机。在进行这些工作的时候，交易者总是难免受到外界消息的影响，因此为了获得实际的感觉就要建少量头寸试试，这就是试验头寸。从头寸增减的角度来看，这是迈出了宝贵的第一步。

交易技术水平高低的唯一区分就是头寸增减技术的高低。做期货是那么难盈利，因此，头寸增减的技术自古以来就被神秘化了，不拼命学习是无法掌握的，特别是运作大资金，头寸增减技术更是复杂，而这第一步就是试验头寸。水平低的人是不知道试验头寸的，他们也不建试验头寸。

试验头寸的建仓方式有各种各样，最常见的有，

①	②	③	④	⑤	⑥
		—1			

这是买入 1 手 3 月份合约的试验头寸。

但是也有可能自己受到上涨人气的影响，实际行情已经开始转空，这时就会在 6 月份合约开一个卖空的试验头寸，一些小户的红小豆期货个体户常常喜欢这样做。

①	②	③	④	⑤	⑥
					1—

试验头寸开好以后怎么办？有各种各样的做法。

一般来说在 3 月份合约里买了试验头寸，会在 3 或 4 月份合约里建立正式头寸。但有的人总是喜欢在 6 月份合约里建 1 手空单。他说，这手空单就好像一个护身符，有了这手空单在，就有了一种安全感，三四月份的主力多单才能拿得住，盈利幅度才能巨大。

①	②	③	④	⑤	⑥
		—1			1—

我在《商品期货必胜笔记》里介绍过一个人，这个人也经常建立试验头寸。他有时候空仓休息 1~2 个月，其他时间就常常建一些试验头寸。比如说，在远期合约新上市那天建一个卖空头寸，过一个星期，在第 5 期合约买入 1 手；再过两个星期，把远期合约的卖空头寸平仓。

就好像得了试验头寸的中毒病似的，这是他的习惯。我认为这个习惯很不好，不值得模仿，但据他说，在行情顶部从不建立试验头寸，只有在底部盘整的时候才频繁地建立试验头寸，特别是将要形成二次底部的时候。

我还认识一个人喜欢做试验头寸的人，我把他的事迹写在《职业炒手列传》里。他说："价格在顶部震荡的时候，我会多次开一些试验空单。"试验单不可以挤做一堆，也就是说，试验单不可以摊低或加码。要抓住一波行情，估计要经历20次以上试空、砍仓。试单是个需要耐心的活儿，特别是历时数年的大行情，要找顶部的卖空点，需要多次建立试验头寸。

以上两个人都是通过试验头寸找到自己出动的时机，建立起正式头寸群的。通过各自的方法，他俩都获得了成功，积蓄下巨大的财产。

试验头寸的数量只有1~2手，但就这1~2手的做法也是五花八门的，并无一定之规。哪种最好、哪种最正确？不好说。但唯一可以肯定的是，灵活运用试验头寸是期货盈利绝对必要的工作。

四、试验头寸的灵活运用(2)

本书是以打算通过红小豆期货交易发家致富的人为对象而写的。那些不考虑发家致富，只利用少量资金，把期货交易作为一种消遣玩乐的人，不是本书服务的对象。但在红小豆期货市场上，只拿2万~300万日元、每次只做1~2手的人却很多，有趣的是，这些人非常热衷于学习，往往水平远远超出一般的外行。这些人常常到我这里来提问题，而且还常常问一些程度很高的问题。但在我费时费力地回答了他们的问题之后，总感觉是在白费力气，因为他们得到答案以后，绝对不会去实行。

他们学习的程度虽然很高，但因为每次下单的数量都很少，交易水平总是脱离不了消遣娱乐的范围，还时不时地犯一些低级错误，资金量也总在原地踏步。与这些人谈话，一方面有一种白费力气的感觉，但另一方面有的时候也比较轻松。因为他们的仓位不大，所以不存在大仓位被套的问题，不会亏得无法收拾后才愁眉苦脸地来找我商量。与他们的谈话有的时候甚至令作为先生的我也受到一些启发，使自己的交易质量有所提高。他们中的有些人对期货的痴迷程度就像那些搜藏古董的人痴迷于珍奇古董一样，钻研得非常深。例如，日本价差交易的"砖型格"就是他们发明的。他们把美国的价差记录方法加以改良，发明了日本的价差记录"砖型格"。现在各大公司的交易机构都用"砖型格"来记录价差，但由于他们做期货是为了好玩，因此缺少盈利的展望和对待期货的严肃认真劲儿。做过期货的人都知道，学习的面不要铺得太广。什么叫作面铺得太广？比如说本来是做红小豆期货的，看到橡胶期货很有趣，就想做橡胶期货看看，本来是做 3 个月周期的波段交易，又想从基本面分析的角度出发，调查一下红小豆的供需状况，等等。

前几天我的事务所来了一个人。他是股票俱乐部的老会员，但现在已经停止炒股改做红小豆期货了。他的期货水平虽然不错，但做期货多年，资金一直是 300 万日元。他是一个绘图狂人，每天要手工画完东京、札幌、大阪 3 个红小豆市场所有月份合约的走势图。以前日本没有从中国进口红小豆，这样做的确有意义。札幌、东京、名古屋、大阪等各个市场的价格差几乎与货车从北海道过来的运费一致，因此通过绘制各个市场的走势图，可以发现有没有庄家介入。但现在红小豆由于有从中国进口的，这样的比较已经完全没有意义了。已经没有人再绘制各个市场所有月份合约的走势图了。但这个人却乐此不疲、孜孜不倦地每天绘制大量的走势图。如果他想正正规规地做交易的基本功的话，我马上就会劝他，面不要铺得太开，不要什么都干。

我对他说："你与其绘制这么多走势图，不如研究一下试验头寸。试验头寸问题是非常有趣的问题，而且非常实用。你把试验头寸研究透彻的话，也许会迈出飞跃性的一步。"但显然，他对我的建议不感兴趣，他在中期和远期合约各买入 1 手。

①	②	③	④	⑤	⑥
		—1			—1

对像他这样习惯于小资金操作的投资者来说，2 手已经接近满仓了，因此对他来说这 2 手相当于正式头寸。头寸的盈亏是他主要关心的问题，至于 3 月份合约与 6 月份合约今后的价格波动会有哪些不同，他已经没有精力顾及这些问题。但是，不仅仅是从盈利的角度，从安全的角度来看，买 3 月份合约也比买 6 月份合约好得多，而且 6 月份合约已经过了最高点开始下跌，买 6 月份合约不如卖 6 月份合约。6 月份合约的空单对 3 月份合约的主力多单起到一个保护的作用。

我建议真正想做好期货的人，为了搞懂试验头寸应该进行一些实验。

五、交易的准备

有几个读者来信说，快点给我们展示一下正式交易所需要的工具、走势图等实例，我们都等急了。

对不起，久等了。

头寸记录不需要每天特别记录，只要把交易公司邮寄过来的交易报告书按照日期顺序整齐地装订起来即可。

红小豆期货的做法除了价差交易和价差滑动交易以外，还有波段交易。因此在《波段交易法》中有关工具的论述完全可以应用到红小豆期货交易上。

工具越少越好。但需要的工具一定要备齐。刚开始做期货的人都有很多不安，希望把判断材料都搜罗齐全，除了必要的工具以外还有很多没用的工具，这样的话对交易技术的进步只会起反作用。

工具只限于三样：①价格记录本；②走势图；③学习笔记本。

第三章

周期与季节

一、易读的走势图易做

有关建仓，我在后面“交易”的地方再讲，我先讲一讲走势图和季节。

我进入证券界一开始是在山崎旗下系列公司之一的大同证券。在证券界，山崎种二是至高无上的存在，一般人根本没有机会与他谈话。

1954年，我进入商品期货界，在隆祥产业当了一名业务员。有一段时间，红小豆就好像红钻石一样宝贵，而隆祥产业就是逼仓的幕后庄家。在期货界，山崎种二的地位并非至高无上，在大家眼里，他只是一个职业炒手，技术不错，但并没有受到特别的尊敬，因此一般人也能与他平等谈话。

我有时候在交易所委员会开会时遇到他，但并没有机会与他单独谈过话。

现货公司三好商店的社长去世，在其追悼会守灵之夜，我正好站在山崎种二的旁边，我拿出名片递给他，他对我说：“我拜读了你写的《红小豆的K线》一书，有空的时候到我公司来玩。”

对年轻的我他也用这样彬彬有礼的口吻说话，令我既惊讶又感激。这是因为，作为大名鼎鼎的交易员的他，却主动与我打招呼说话，还说拜读了我的书，因而给我带来二重喜悦。从此，我不管对多么年轻的人，在对方的名字后面也必加“先生”二字，这一点也是从他那里学到的吧。

过了几天，我来到山崎的公司，他在自己的社长办公室里与我交谈了一个小时，我更感谢他了。话说他的社长办公室，桌子上放着价格记录本，书架上放着红小豆供求资料，墙上贴着巨幅的红小豆日线走势图和一代棒图。这种布置在现在的交易公司基本上已经看不到了。以前的交易公司，老板本人就是一个职业炒手，山崎种二不是一个终日琢磨着如何赚取客户口袋里钱的浅薄商人，而是一个职业炒手，并且是一个纯技术派的职业炒手。贴在墙上的走势图就是他亲自手工绘制的，并且每天都向下添续。显然，他把交易放在比公司经营更重要的位置上。

在整个社长室里只贴了两张走势图，一张是股票走势图——东京海上股票，一张是期货走势图——红小豆期货日线图。这说明他是一个重视技术、在狭窄的范围内交易的实践者。

在我的《波段交易法》中，曾经写到有一些人在期货公司、证券公司附近的空地上搭起一个个棚子，干什么？专门出售走势图。对这些人来说，走势图就是他们吃饭的家什，但他们画的走势图，也非常易读。时间与价格占方格纸的比例与在山崎种二办公室看到的是一样的。有些投资者为了赚钱，挖空心思到处去搜罗一些稀奇古怪的走势图，其实那是完全没有用的。

二、长期的波动

走势图要用看起来舒服的。当然，看起来舒服不舒服要实际用过才知道。这就需要选很多种走势图进行比较，选中以后，还需要实际操作一下，不然就不知道哪种走势图是好用的。大家看，单是一个选择走势图的事情也要费不少劳力，而且在你真正进入期货的实际操作以前，还有很多准备工作是很重要的。许多人虽然知道这些准备工作的重要性，但总想着怎样把这些劳力省略掉。市面上卖的股票走势图谱，就是为了卖给那些图省事的外行投资者而制作出来的。这些图谱看上去很方便，但不是正确的方法，不仅没用而且还起反作用。在 20 世纪80年代股市疯狂上涨的行情中，利用走势图谱盈利并且存活下来的人一个也没有。特别是做像红小豆这样的因季节性因素导致价格发生周期性变化的期货品种，必须有一张好的走势图。顺便说一下，你如果打算做红小豆期货，最好把最近两年的走势图手工画一下。

在美国的投资理论和交易理论传入日本以前，日本人把价格变动的原因主要归结于供求关系、内部因素、人气因素。现在的主流分法是分为基本面和技术面两个因素。其中，向投资者提供的如成交量、持仓量等信息该分在内部因素还是什么地方，这一点大家还有争论。

那么走势图，应该分在哪个门类？这一点很清楚，按以前的分法，分在人气因素类；按现在的分法，分在技术面类里。技术分析法的理论基础是基于以下三大假设：①市场行为反映和包容一切(包括假设)。②价格呈现趋势性变动(惯性假设)：趋势一旦形成，趋势的运行将会继续，直到有反转的现象产生为止。③历史会重演(重复假设)。根据这样简单的原则来观察并预测价格波动，因此走势图比较关键，必须画得质量高。

红小豆期货价格波动的观察方法有两大派。①红小豆期货价格的季节性变化及相应的交易方法。②红小豆期货价格的周期性变化及相应的交易方法。具体内容见下文。

三、不管怎么划分，9月是基准

关于季节一直有很多读者来信提问。职业炒手也有人来信，指责说我的讲解方法不好，容易遭致误解。例如，群马县有一个农民来信说，原来不是红小豆特有的秋行情、春行情、夏行情，而是与春夏秋冬的换季日一样，是按照通常的春夏秋冬四季来划分的。一年有24个节气，春夏秋冬四季各划分到6个节气。

春：立春　2月4日

　　雨水　2月19日

　　惊蛰　3月6日

　　春分　3月21日

清明　4月5日
谷雨　4月20日
夏：立夏　5月6日
小满　5月21日
芒种　6月6日
夏至　6月22日
小暑　7月8日
大暑　7月28日
秋：立秋　8月8日
处暑　8月24日
白露　9月8日
秋分　9月23日
寒露　10月9日
霜降　10月24日
冬：立冬　11月8日
小雪　11月23日
大雪　12月8日
冬至　12月22日
小寒　1月6日
大寒　1月20日

因此这位农民理解的四季换季估计是立春2月、立夏5月、立秋8月、立冬11月。彼岸这个日子处于春分、秋分的中心日前后的7日间，对种地的人来说这是一个重要的日子。但是四季的变化每个相隔3个月，这与红小豆行情的3个月周期是完全不同的。

春季行情 1—5月　夏季行情　5—9月　秋季行情　9—1月

都是5个月一期，每个季节的行情都有一个月前后重叠，一年分成3个区分。这容易被人们误解成为每个区分是4个月的周期。

我在书里写“没有严格意义上的分割日”，这一点有经验的人能够懂得，初学者或经验少的人就搞不懂。

周期的做法也有一些容易招人误解的地方。很多人以为3个月下跌以后，紧接着就是3个月上涨，这是不对的。3个月下跌以后是3个月底部徘徊，然后才是 3 个月上涨。大行情是 3 个月上涨，3 个月中部震荡，3 个月继续上涨。

红小豆期货历史上连续 4 年持续上涨的大行情出现于 1972—1977 年，涨幅也最大：从 3390 日元涨到 18250 日元。在那 4 年中也不是一口气上涨的，也是每上涨 3~4 个月就有 3 个月左右的震荡。

四、周期搞乱

周期有的时候会变乱。周期变乱几乎都是因为行情变成贴水价差。我虽然没有具体统计过，但据说 80%~90%的周期变乱是因为贴水价差造成的，剩下 10%~20%的周期变乱发生在升水价差时期，就像 1972—1977 年的连续 4 年上涨的大行情，还有逼空行情也会造成涨跌周期变化。多头买远期逼空，是为了方便把价差交易者也引进来做同盟军。因为价差交易者的仓位是买入当期合约，卖空远期合约。当期合约到期交割时，价差交易者把远期的空单平仓回购，加上逼空多头的多单，这两股买的力量远远大于空方的力量，造成连续涨停板，使空方爆仓，这种情况也是造成周期变乱的原因之一。

市场平稳的时候通常是升水价差，两个月份合约之间的价差反映出远期商品期货需要支付的仓储费用、利息、保险费。而贴水价差发生在市场异常的时候，理论上是因为货品不足、将来供需缓和造成的。这两种情况结局都一样，不同之处在于把视点放在现在还是放在将来。把视点放在现在的话，假如现在货品不足，近期合约价格高于远期合约，形成贴水价差；视点放在将来的话，将来供给增加，远期合约的价格低于近期合约，形成贴水价差。升水价差可以通过卖空远期合约挣钱。贴水价差的时候怎么做？高手一般在贴水价差的时候空仓休息。

五、收获期是基准

周期变乱还有很多其他原因。经济学上，循环被人为停止的例子之一就是停止支付。在紧急的情况下，政府颁布法令，债务在一定的期间内可以延期履行。紧急延期令的原因主要有战争、自然灾害等，关于这一点，商品期货有时也会发生这种情况。红小豆期货也有因为政治原因导致行情周期中断的例子。1958 年 5 月，在长崎的展览会上发生了焚烧中国国旗的事件，中国宣告与日本断绝外交关系，受此影响，中国红小豆的进口也断绝了几个月。

与红小豆周期变乱关系最大的因素是气候变迁。“人胜不了天”，因为农作物的产量由天候决定，而产量又决定了当年市场的供给量。例如，假若冷夏影响了作物的生长，造成收获量减少的话，第二年的供给量就会减少。

播种期地温高气温高对红小豆有利，生长期也同样；开花期雨水多对红小豆不利；成熟收获期干燥的气候对红小豆有利好；脱粒干燥期也同样。发芽期如果有晚霜的话又要重新播种红小豆；成熟期如果有早霜的话红小豆会枯萎，这两种情况都会造成收获量大幅度减少。台风会使红小豆大面积受害。1944 年全年气温低，红小豆的生长推迟，到了 8 月末才恢复正常。开花也算顺利，只能晚点收割，所以让其在田里再长一段时间，眼看就要丰收了，但没想到 9 月26 日洞爷丸台风来袭，之后从大陆又吹来强冷的寒流，整个北海道降霜，造成红小豆绝收。因此从 9 月 4 日开始下跌的行情，由于降霜又开始暴涨，一直上涨到第二年 1 月。9 月 4 日价格是 8240 日元，9 月 26 日低价是 6550 日元，第二年 1 月的高价是 11760 日元。

人们说，红小豆不可能一夜变为丰收，但有可能一夜变成绝收；有人说，在天候行情时期重仓卖空比较危险，虽然这种说法有点极端。

10 年以前，北海道的气候和红小豆的生长状况只能通过打电话来了解，自从传真机出现以后，这些信息都可以通过传真机获得，所以不存在信息不足的情况，而且这些信息都会反映到价格记录和走势图里，所以直接看价格记录和走势图是最好的办法。

第四章

交易

一、有关必胜法

这本书是写给打算通过红小豆期货攒下过亿资产的人看的，有的读者反映这本书过于死板无趣味。每当听到这样的评价，我只能苦笑。我常常问到公司来访的人说："证券公司交易大厅里那些整天叽叽喳喳谈论输赢的菜鸟投资者你看到了吧？你是一辈子想和他们一样呢？还是想成为像'三崎种二''晴拔留作'那样的大成功者？即使你认为自己不可能像他俩那么成功，那么我们身边还有另一位榜样：立川铁夫，他也通过炒股发了大财。如果你想和他一样，那么你把以前的方法全部放弃，把证券公司业务员教给你的那些东西全部忘记，从一开始重新学起。这是一项工作，是一个大事业，你要以干工作的心情来干，要走对道路。有决心吗？"

我是担心这个人亏损才这样说的，但看来他没有领会我的诚意。

在股票和期货方面存在着很多"必胜法研究者"。最近特别是电脑程序化交易的必胜法研究者很多，这些研究者什么样的人都有，有的人亏了大钱神经变得有点不正常，有的人看上去智商相当高。举几个例子你就容易明白了。首先列举一个走火入魔的例子。

研究者："先生，我发现了必胜法。一般的人理解不了。但公开发表的话会被人模仿，如果这个方法扩散开来的话，市场会遭到破坏。"

我："这么准啊？"

研究者："是啊！模拟测试的结果：一年资金翻了5倍。"

我："你用必胜法实际操作了吗？"

研究者："以前一直亏损，把所有的财产都亏尽了。我心机一转开始研究必胜法，经过10年辛苦终于找到了必胜法。接下来必须筹集资金。一个人如果肯出1000万日元我就愿意教他。我拿了这1000万日元当资金，我可以变成世界第一有钱的人。当然，如果用1000万日元买这个方法也行，你若认识这样的人请介绍给我。先生直接买我的方法最好了，这样的话只有你一个人知道。当然，需要你写给我一张'保证不会教给其他人'的誓约书。"

下面我再列举一个貌似智商很高的人的样本，咱们姑且管他叫A先生。

A先生收集了市场上过去的很多价格波动和指标的数据，试图从中找出有用的规则。以前这样做没问题，因为即使他宣称找到了必胜的方法也没有办法检验。但是现在时代发生了变化，由于电脑的进步，对新方法彻底的验证成为可能。这样的话，谁都可能成为必胜规则的发现者、必胜交易系统的制作者。但是，系统创作者制作的软件卖掉了，使用者却自买来以后一直亏钱，无限亏钱。错误出在哪里？最大的错误就在于这是用过去的数据做出来的东西，用过去的数据来预测未来的事件是不充分的，因为如果出现一个过去没有出现过的形态，用过去的数据建立的交易系统就没办法进行预测了。

二、总之要走正确的道路

到公司来访问的人以及打电话提问的人中，有很多人喜欢说："我还是外行，水平很低……"

我非常讨厌这句话。即使当上奥林匹克冠军的选手，在刚当上运动员的时候也是外行，刚开始的时候水平也很低。"还是新手水平很低"，如果下面的话是"接下来我要努力"的话那还不错，但几乎所有的人都这样说："像记录价格、画走势图这种正式炒股的事情我就不打算干了，因为我也不打算成为专家。"

“随便你。亏钱的话与我无关。”我生气地说。

他们不知道，炒股或做期货也像打高尔夫球一样，需要准备好球杆、靴子、球等最必要的工具，不然就没法交易。他们不知道，不努力水平不会自动提高。对于这样的人我真想知道，要怎么讲解才能令他们理解。

还有一些人认为，买股票是为了养老，只要持有股票就能够挣钱，快乐地挣钱，没有必要读书学习，他们根本不知道读书学习。这些人也和前面那些人一样愚蠢，自己不学习，然后一切问别人：“会上涨吗？”“现在可以买吗？”

我如果回答：“预测这种东西概率是有限的，很难猜准。买或卖每个人都有自己的做法，我即使告诉你我的意见，对你也没用吧？”

“真小气！”他怒道。

“从长远的观点来看应该上涨。”我回答。

“猜错了不是！”他又怒道。

读者可能觉得这些人好笑。总之，为了提高，需要努力。这种努力并不需要你起早贪黑地玩命干，很轻松地就行。但不是一到两个月水平就马上提高了，需要经过相当程度的努力之后，才能令人刮目相看。任何事情都是这样的。因此，一定不能走错道路。你看下围棋。有些人在路边围了一圈整天下棋，他们只是为了快乐而下棋，水平很臭，下多久也到不了初段。但是跟专家学的话，一到两年就能够达到初段的水平。这就是路子正了，剩下的就是——学习、掌握、提高了。

希望你们炒股、做期货也走正确的路——学习、掌握、提高。

走正路，意思就是学会跟随行情（价格）的波浪，需要学习的是记住并习惯变动的感觉，掌握交易技法。这两点看上去也很难，其实就是让买卖成交价格有利，买入平均价越低越好，卖空平均价越高越好，就是高卖低买。怎么做到这一点？下面马上告诉大家。

三、能够耐心等待的人方能生存下来

一般交易技术是按照下列顺序来讲：试验头寸、正式头寸、分批开仓(等分批开仓、不等分批开仓)、回档买入、反弹卖空、顺势操作、逆势操作等，但本书我准备从“时期的选择”开始讲。

试验头寸、正式头寸、分批开仓等内容在我的《期货市场的技术》《期货行情必胜笔记》《期货行情提高讲座》等书中已经讲得非常详细，很多人已经读过这些内容。在实际操作的时候，大家基本上都是从最简单的分两批开仓开始练习，经过两三年以后稍微有点会，渐渐地学会分批开仓，有效地建仓。

接下来，我的讲解也是按照实际行情的情形加以展开的。不是讲过去的行情，而是讲将来的行情怎么交易。因此就包括价格走势的预想。既然是预想，当然就会有猜错的情况。不仅有，而且可能大部分都猜错。即使猜对，在时机上也可能略微靠前或靠后。这一点请读者了解。

为什么我要这样来写？

先看一个我平时瞧不起的股评家是怎么写书的。

在1990年股市的暴跌行情中，这个股评家亏了大钱。最近又以270日元的价格大量买入了日胜股票。买入3个月后，“日胜股票”的企业倒闭了，他又亏损惨重。另外他又因为对价差交易一知半解而贸然做红小豆期货的价差交易，又亏了一笔钱，总之一亏再亏。因为他自己的资金全部被亏损殆尽，于是他就找一些既有钱又不会炒股的人对他们说：“放心交给我吧，我代你们操作。”然后把投资者的钱又亏掉，与投资者发生各种纠纷。他就是一个有名的纠纷制造商。

为什么这样的人作为股评家能够生活得下去？只能说股市的社会真是有趣。

1995年6月，有一个人到我公司来访，他说他想做红小豆期货。以下是他与我的对话。

来访者：“现在可以买红小豆期货了吗？”

笔者："未来走势的预想——行情观等，每个人都不一样。交易也一样，每个人都有各自的习惯。"

来访者："先生认为会上涨还是会下跌？"

笔者："这有一份我公司最近发行的投资报告，上面写红小豆近期将转变为上涨。我看涨。"

来访者："那么，现在可以买了？"

笔者："我还要稍微等一等。即使买，也从试验单子开始进入。正式头寸分批进场。现在马上就买的话还会遭遇一些锯齿形震荡洗盘。你还是一个新手，股价稍微一下跌就非常担心，有可能卖掉。正式头寸开仓以后也可能被洗盘吓跑。可能等你刚卖掉，股价马上就上涨。就是说，即使你看对，也可能因为承受不了心理压力而亏损出局。你自己也说你现在还没有习惯吧？"

来访者："是的。红小豆只交易了3次。"

笔者："结果如何？"

来访者："3次都以大亏结束。因为买了100手，还被要求追加保证金。"

笔者："那么，为了不再大亏，你应该做一些准备才好。"

来访者："我并不想成为专家，没有必要模仿专家的方法吧？"

笔者："但是，最低限度的工具是必要的。不然还得大亏。不想亏的话就要准备。"

来访者："但是，画走势图要花好多天时间。"

笔者："等几天时间正好。投资报告里不是写了吗？马上上涨，然后下跌，到今年年底红小豆的秋底才会来临。在秋天的谷底买入就行了。但我说的这些说到底只是预测，既有可能预测错误，谷底的到来也有可能比往年提早或推迟。"

来访者："今年红小豆的谷底会比往年推迟吗？"

笔者："你读过《红小豆行情的基础》吗？"

来访者："读过了，待会儿我还要问这本书中的问题。今年秋天的谷底的到来还要等好几个月呀？"

笔者："是的。在那本书中读到了吧？能够耐心等待的人才能赢，必须学会等待。"

来访者：“但是还要等好几个月呀……。如果马上就会上涨的话，现在就买入也没事吧？”

笔者：“你不记录价格，不画走势图的话，无法获得价格波动的实际感觉，也没办法积累经验。我不会骗你的，就等到秋底到来之后再买吧。”

来访者：“但是还要等好几个月呀……”

笔者：“炒股的朋友中，一直等了 5 年的人都有。记录记录价格，画画走势图，一直等待时机。能够耐心等待的人才能赢。除了下单以外你干什么都行，再等一等！急不得的。”

来访者：“那么我再问你几个书中的问题。挣了几亿日元的立川先生一开始用 3000 万日元操作，3000 万日元的资金只开仓 30 手，资金效率不是很低吗？”

笔者：“30 手还了得？仓位已经很庞大了。30 手的仓位赚5000 日元的价格幅度的话，一年只要一次就是 1200 万日元，年盈利率是 40%了。只有耐心等待机会才能做得这么好。即使没这么大的行情，2000 日元幅度的行情一年抓住 3 次，就是 1400 万日元。即使开 20 手单子也能赚 960 万日元了。1000 万日元的资金，如果每年盈利 30%，10 年累积下来就是 1.3 亿日元。但这样的业绩如果你频繁操作是达不到的。需要等待机会。能够耐心等待的人才能赢。”

我仓位最大的时候大约是 200 手左右。有一天，我从东京车站坐地铁回家，电车启动后行驶了 10 分钟左右，我感到车窗外的景色与往常不一样，几分钟以后，我才意识到坐反了方向。当时，我的仓位并不是亏损状态，还是小幅盈利的状态，精神状态已经与平时不一样了。

要是亏损状态的话可想而知精神负担更大。仓位太大造成的精神负担就是这么大。

四、底的预测

3 个月以后的 9 月初，上次那位来访者又到我公司拜访。这次他带来了自己画的红小豆期货的走势图和价格笔记。

来访者说："先生上次叫我别买，但我实在等不及还是买了。不过这次没买 100 手，只买了 10 手。先生上次说马上会上涨，然后下跌。今年的'秋底'可能会迟到，到年底才出现。但实际稍微上涨了一点马上就暴跌了。那么看来，先生说的接下来是上涨行情的预测错了。本来，我等到'秋底'出现再买就好了。但我等不及，先买了，是一个失败。本来刚买了以后就上涨，一时间还有 500 日元左右的浮动盈利，那时候没有马上卖掉，之后下跌，由盈变亏，又反弹回买入价的位置，又没舍得卖掉，总之，我现在还剩 10 手被套住的红小豆多单。我买的是 11 月份合约，11 月份是霜降月。我听老话说'霜降月会上涨'，是继续拿着还是怎么办？如果先生说预测没猜中，卖掉算了，我打算听你的，卖掉。"

我说："如果是 11 月份合约的话继续拿着也许没问题，但试验头寸你只要开 1 手就行了，10 手就太多了。你担心吗？"

来访者："不担心。以前一开就是 100 手，10 手的话根本就不担心。"

我说："剩下来要做的事就是等待红小豆'秋底'的到来。若是普通年成的话，红小豆的底是一个平缓的圆形底，但今年的底部区域的震荡可能会比较激烈。进口数据也发表了，霜降月合约的交割可能价格不低，也许涨不到你买入的价位。"

来访者："这个我明白。我也画走势图。走势图画了以后的确价格波动明白多了。我准备在'秋底'到了以后有上涨迹象的时候再买，将平均价格摊低。这 10 手我认赔。后面再买的如果能盈利就很幸运了。"

底部的预测谁都会，但谁都预测不准。底部的预测有价格、时期、形态三类方法，也有只用其中之一进行预测的。例如，"9000 日元可能是底""10 月可能是底""可能形成一个 V 字形底"。

预测顶底是很有趣的。在还没有开仓的时候是有趣的，如果开仓，只开 1 手的话，还可以，如果开 1 手以上的话就不再有趣了。预测没猜中，就想订正，每天都想订正。例如听到"今天庄家卖空""今天商社的出价调低了"这些消息，都会影响人的情绪，导致把自己预测的底部价格不断调低。然而，在头寸建立以前交易者还能够冷静地判断(预测)，一旦建仓就不会再冷静客观，总往好的方面想。即使处于冷静状态，交易者也只能在自己经验范围内进行预测，而且应该只用一种方式进行预测，但交易者往往喜欢用多种指标，最后到底是根据什么进行判断的其本人也搞不清楚了，焦点模糊了。建仓以后思路更加混乱。凡是收集得到的信息尽量收集，由于担心，报纸都读了好几遍，多种指标得出的结论互相矛盾。理所当然的，指标越多，方法越不准确。而且根据墨菲法则，人总是选结局最悲惨的那个结果。对被套住头寸的处理也是这样，早早止损的话，本来亏不了多少，由于一拖再拖，最后把本金也亏光了。

预测的订正应该向正确的方向订正，但结果几乎都是向错误的方向订正。人的心理真是弱。那么应该怎么办？首先，底的预测应该预测一个大概，另外应该根据自己主义的进行预测。所谓主义就是前面说的以春夏秋冬的四季为基准，根据 3 个月的周期来判断。就是说，要有一个主义。除了上述的，还有其他基准吗？有的。有根据价差变化预测的，有根据回归分析预测的，有根据月龄、占星术预测的，有根据天干地支循环预测的，有根据“相对力指数”预测的，等等。有的方法看上去带有迷信色彩，虽然这样说相信的人会很愤怒。有的方法看上去有点像现在的超能力。比如，假如预测满月日是底，如果没猜中，就订正为下一个满月日是底。预测丙子日是底，不中，就订正为下一个丙子日是底。

五、红小豆秋天的底部

红小豆的底汇集了期货各种典型的形态，甚至在外汇行情中出现的底部形态也可以在红小豆行情中看到。众所周知，顶部的价格波动剧烈、期间短，走势曲线陡峭；底部的价格波动小、期间长，走势曲线平缓。红小豆的走势就是这种典型。顶部陡峭，底部平缓这一常识在外汇行情中不适用。为什么？因为美元的底就是日元的顶，美元的顶，就是日元的底。因此外汇不管是顶还是底，价格波动都很激烈。即使外汇的底，也有点像红小豆的不平缓的底。

在丰收的年成，红小豆的‘秋底’很平缓；在绝收的年成，红小豆的‘秋底’会比往年迟来，而且波动剧烈。

六、亏了大钱

1995年10月29日上午11点多，我回到家，发现有客人在等我。此人做红小豆期货连续两年一直赔钱，已经输掉了5000万日元。他的仓位并不是很大，每次10~50手，但交易频繁。一年左右以前，他不再听期货公司业务员的建议，开始自己操作，但成绩也不理想，一直亏损。在期货公司交易大厅认识的一个客户很同情他，建议他去找林先生。现在他还有1000万日元的资金，以前每次他亏光钱就追加资金，资金是来自于他把家里的山卖掉所得，而且每隔不久就卖掉一座山，已经卖掉了三座山。

他一直坐在资料室等我。我一进来，他从椅子上站起来，问："是林先生吗？"

我回答："是的。"

他突然跪在我面前，说："拜托林先生，帮我把赔掉的钱赚回来。"

于是，我听他原原本本把以上经过讲了一遍。还了解到他平时既不记录价格，也不画走势图，只看期货公司送给他的小册子，上面有一些评论文章和一些小小的走势图。他也不知道书店里还有专门写期货交易技术的著作。

来访者问："行情不是涨就是跌，即使乱做一通，应该也有50%的机会赢呀。但我至今为止只赢了一回，150万日元，其他都是输，这是怎么回事呀？"

如果我讲一大套理论他一定听不懂，因此我只能笼统地说："因为你水平低。"

显然他对交易非常无知，我也不知道从何开始对他讲解，因此只能笼统地对他说："不可以胡乱操作，一直等到机会到来为止。要记录每天的收盘价格。走势图要画得易于观看。试验头寸一开始只开

1 手。”

对于我的提议，对方连一个具体的问题也没有问，从基础知识开始讲的话，会花费很长时间。因此我对他说：“买一本期货基础知识的书读一下吧。”

他说：“如果赔掉的钱赚不回来的话，我把祖上传下来的山都卖掉了，现在都有亲戚说我是败家子。拜托了。”

他的话语虽然沉重，但作为我是爱莫能助。只能默默地听他不停地抱怨。我们谈了大约一个小时左右的时候，他说：“先生，实际上这次来，我儿子跟我一起来的。儿子在证券公司工作，他比较理解期货，我把他也带过来好吗？他在车站前的吃茶店里等着呢。我告诉他我做期货亏钱了，但没告诉他亏掉这么多。这一点麻烦您帮我隐瞒一下，拜托了。”

七、估计不可能赚回来

不一会儿，他就把他儿子带过来了。接过他儿子的名片一看，是某某证券公司，这家公司的名声不太好。

“我的地址是你查出来的吗？”

“是的。”

“我还写了几本股票的书，你知道吗？”

“不知道。因为在证券公司工作的人基本上都不读股票的书。”

“你知道你父亲做期货赔钱的事吗？”

“知道。一个月左右以前听我父亲说起。我父亲说，要去拜访一个名叫林辉太郎的红小豆期货先生，让我查一下地址。而且，我对商品期货也感兴趣，期货专业方面的东西至少比我父亲懂一点，因此跟他一起来听一听。”

“你知道不管在证券公司还是期货公司里，都有一家专门与客户对赌的坑人的公司吗？你父亲就是被这样的公司坑的。”

“知道。我们公司的总公司还算守规矩，分公司也坑客户。因此我在来的电车上就对父亲说，一定有正规的期货公司的，你应该在正规的期货公司开户。”

“接下来，你父亲即使继续做期货交易，一定会急于返本，这样不行。必须以全新的心情开始。但估计你父亲很难做到。有两个选择：①亏掉的钱认了，从此不再碰红小豆期货。②你来做红小豆期货或股票交易，把你父亲亏掉的钱赢回来。但你父亲亏损的金额太大了，你不可操之过急，要做10年的计划。请你考虑一下。”

八、他儿子的问题

商品期货一共有多少个品种？

商品期货交易所有17个品种，金融期货交易所有2个品种，但金融期货与商品期货不是一个类别，不能算到商品期货里。

不同的品种难易程度不一样吗？对新手来说有什么特别难做的品种吗？

有的人说“有”，有的人说“无”。说有的人，主要是期货公司的人。他们认为：①价格受外汇行情左右的品种难做；②商家对流通上游和中游有强烈支配力的品种难做。

价格受汇率影响的品种，既要考虑汇率的变动，又要考虑商品本身的价格变动。就像一个色子的概率是1/2，两个色子的概率就变成1/4了。至于商社对上游(制造或进口阶段)、中游(流通阶段)有强烈支配力的话，由于一般老百姓只熟悉下游(零售阶段)，对上游和中游的情况一点也不熟悉，所以这种品种一般人较难操作。我本人也这样认为。

价格波动规律本身与股票有什么不同吗？

完全没什么不同。只是有些商品期货受外汇或外盘左右，第二天跳空高开或低开的很多。这种情况对谁来说都不好操作。

红小豆期货怎么样？

红小豆期货的价格几乎不受外汇行情影响，商社也操纵不了红小豆期货的价格，因此据说红小豆是散户唯一可以与商社站在平等地位进行交易的一个品种。我自己也有这样的实际感觉。例如，红小豆的供给量是根据天候决定的，天候决定了红小豆的收成是丰收还是绝收。商社是不可能左右的。但进出口业务还是商社在做，现在贸易自由化了，红小豆也像大米一样要征收关税了，即使考虑这些因素，红小豆的供求意外地还是很单纯的。

但是，农协特别是北海道农协联盟力量很大。但近年来北海道农协根据供需调节价格的支配力在逐年减弱。

据说红小豆期货价格波动剧烈，很危险。先生认为如何？

人们之所以会产生这样的印象是因为红小豆行情不像经济不景气时的股票那样静伏不动，红小豆的丰年和凶年大致循环交替出现，由于能够预判出供求状况，红小豆行情容易出现庄家囤货逼空，因此人们说红小豆价格波动剧烈。红小豆价格波动的以下两个特点有的人喜欢，有的人不喜欢。

其一，一天之内、一月之内的价格波动幅度比其他商品期货大，这也是红小豆给人价格波动剧烈的印象的原因之一。

其二，从全年、数年的范围来看，红小豆价格波动的幅度比其他商品或股票小得多。例如，最近 10 年红小豆价格最高 16000 日元，最低 8000 日元，价格变动率仅仅 2 倍。这种变动幅度是很小的，相当于 100 日元的股票涨到 200 日元，或者 200 日元的股票跌回 100 日元。像黄金的价格稍微波动就跌到五分之一，砂糖遇到世界性的缺货一下子上涨 10 倍，或者一只被庄家操纵的股票，红小豆的价格波动真的很小。

红小豆行情有什么特别的特征吗？

你种过地吗？帮着农民干过农活吗？如果干过，你就应该知道红小豆一年收获一次，红小豆的价格有季节性的变化。而且日本的四季分明，价格随季节性变化的因素更加强烈。但是，市场往往是跟随人气而行，交易者从实践上的经验来看，实际上 3 个月一波行情的情况更多。我也是这样看行情的。

你能举一些例子吗？

有一句老话说：“春卖秋买。”

因为秋天是收获的季节，萝卜和红小豆价格都便宜，所以秋天应该买。正月是过年的时候，人们需要使用各种食材，所以春天的价格高，在春天高价的时期值得卖。

最后教你一些实践上的注意事项：

(1)期货也可以像股票一样“摊高卖空”和“摊低买入”，但期货有期限的限制，所以合约月份的选择很重要。

(2)由于期货有杠杆，所以仓位不要太大。

(3)应该多用试验头寸。一开始只需1手，有“浮盈”了再加仓。

听您这么介绍，好像期货比股票还容易。两者相比究竟哪个容易？

是啊！两者多做过才会明白。我感觉股票的危险性高。

虽然还没确定，等我决定做的话我再到先生的公司来提问。谢谢。

九、太频繁的交易

本来本篇打算写一写试验头寸、正式头寸、交易频度，但因收到一名读者寄来的一份交易谱，所以改变一下计划，先讨论一下他的交易谱。他的交易有一部分做得真的很巧妙，但最终结果却是亏损，真的很可惜。

他的交易应该归类于“节奏交易”。就是赚取3~5天的小幅价格波动。这一派人的想法是不嫌价格幅度小，求的是一个“稳”字，把一个一个小幅盈利积累起来。天气预报也是短期天气预报比长期天气预报的准确度高。红小豆期货的价格波动也是，短期的小波纹比长期的大波浪更容易稳赚到手。利益少也不嫌弃，主要是考虑回避风险，极端地说，刨去手续费哪怕只赚1日元也算成功，1年只做10次，甚至一生只做500次也没关系，总之只要不赔钱就行。

他以300万日元的资金，从1995年3月22日操作到12月21日，亏损了418239日元。交易太频繁了，9个月时间交易了295次，耗费了182万日元的手续费，如果不计算手续费，他本该盈利颇丰。

因为“中源线交易法”是分批开仓，所以交易频度是比较高的，但1995年一年时间开仓42次、平仓20次也太频繁了。当然，“中源线交易法”不进行对冲，如果用了对冲的话，交易频度会变高，但交易谱的交易频度达到了一个令人惊讶的程度。

十、“休息”是必要的

一开始我写到“有点可惜”，是因为他有难得一见的才能，还真不是吹捧他。当然，他虽然具有短期交易的才能，却并没有很好地发挥出来。要怎样做才能最终盈利呢？全年交易过程中资金余额最大的时候出现在 9 月 8 日，资金余额是 7085682 日元。有的人说：“当资金达到 700 万日元的时候他应该平仓，对自己说，今年赚这些足够了。如果是我的话就会这么办。”但说这个话的人真的换作他自己一定也停不下手来。有的人问：“换作先生的话会怎么办？”如果是我的话根本就不会这么频繁地操作，如果我做的话盈利 50%的时候会平仓休息一段时间。因此，我对此人的建议是：“不要没完没了地操作。要安排休息的期间。”

如果他休息的话，随着他精神放松，这个人应该能发挥长处，交易也会有所进步。

十一、消极一点才是盈利的源泉

为了盈利而建立头寸，这种头寸称为正式头寸，也叫主力单，它是攻城略地的主力部队。相对于对冲单、试验单而言，主力单是为了盈利而建立的。分批开仓的主力单也叫摊平，是逆势操作，一般有 2 分批、3 分批、4 分批等。有的是根据波动的价格幅度分批开仓，例如每上涨 5 日元卖空 1 手或每下跌 5 日元买入 1 手，有的是根据 K 线根数，例如酒田新低价第 1 根、第 2 根、第 3 根摊低买入；有的是根据天数分批开仓，例如每隔 3 天的早开盘买入。

试验单与主力单：

首先买入 1 手，然后分 3 次，每次买 3 手。

—1

—3

—3

—3　　　　合计　10

一开始的 1 手是试验单，与后面分 3 次买入的头寸合计 10 手，这 10 手头寸合称主力单。继续购买的话就是“加仓单”。

试验单是为了试验而开的单子。即使自己看涨，试验单也可以是空单。有的人说，这样反而更加客观。

交易	仓位
—1	—1
—4	—5
—5	—10
—10	—20

如果试验头寸失败，就平仓。即使仓位达到 10 手，也平仓。再重新等待机会。

为什么需要试验性地买买看或卖卖看？当然是为了确认安全性，这叫作确保安全性，或者叫确认手感，看看是不是该轮到自己出场了。

对冲的目的也是确保安全性、确保利益、回避损失。这些目的听起来给人以消极的印象，没有像“增大利益”那样给人以积极的感觉。但积极的想法从另一个角度来看，相当于“欲望高的”，交易者一心想赚钱，就像下围棋一样，某一方一心想多占地盘，但往往事与愿违，在不知不觉中发现反被对方占去地盘。原来“多占”的目的下的子却是“被占”的根源。积极性本身正是失败的原因，但在一般人的概念当中，积极性是利益的源泉。

做期货是一个危险的工作，是一个需要运作大资金的危险的工作，平时必须慎重地对待。虽然有些特地跑来到我这里申请加入会员的人，一听我这样说，寻思道“这个先生是胆小鬼，跟着这样的先生学不可能赚钱”，而放弃了入会，但我还是要说，对危险的工作，态度越慎重，失败越少。

十二、有效运用试验单

试验单的运用方法，不同的人各不相同，可以说千差万别。有的人频繁开出试验单，有的人一年只开几次试验单。但是，在一般知道试验单的人当中，大多数人的用法也完全错误。以前喜欢孤注一掷在一个价位重仓下注的人，了解了试验单以后，也还是改不了老习惯。有的人喜欢无意义地建立试验单；有的人喜欢反复建立试验单；还有很多人明明通过试验单试探出正确方向，但很可惜主力单建立迟了；还有的人习惯了试验单，交易自始至终都只会进行小仓交易，变成了小孩过家家。对冲也是一样，搞得太复杂，忘记了原来的目的是什么。这都是因为交易者没有正确理解。

首先讲一下交易者太执着于瞄准的问题。试验单的目的本身就是为了让交易者不要有一枪必中的念头，不是为了让你瞄准半天再开枪的。

对冲把仓位搞得很复杂，新手操作还没有熟练，仓位复杂的话利益反会减少。仓位很小(比如1~5手)本来是不需要对冲的，但有的人声称为了练习，对区区2手主力单又卖空2手就进行对冲，还很得意，这样把自己的器量也搞得小了，不仅交易堕落成像小孩过家家一样的小打小闹，人格也扭曲成一个小人。

总之，“所有的交易技术都从分批开仓开始”，最简单的分批开仓就是分两批开仓。那么我就从分两批开仓开始讲起。

那么最初的太在乎第一手试验单的价格会有什么后果吗？

“这手试验单买在绝佳的位置，因此分批开仓的第2次就不买了。我也许是一个百发百中的高手。”

这不是笑话。真的有一个人曾经这样说。当然，这是一个亏了又亏，亏得只能做一些小交易的人。与其说他的事情是一个悲剧，还不如说是一个喜剧。

从理论上说，一个擅长低价买入的交易者，用逆势操作买入的话，会在底部最低点的前一天买入1手(试验单)，在最低点当日买入

1手，合计2手作为主力单。如果用顺势操作的方法开仓的话，会在价格过了底部最低点开始上涨的时候买入1手(试验单)，然后在第1次回调结束的时候再买入1手，合计2手主力单。假如价格在底部区域震荡了一个月，交易者也是寻找底部区域的低价购买，但不一定非要买在底部最低点。假如按照这样的分配分批买入10手：—1、—3、—3、—3。遇到斤斤计较是否买在最低价的人会发生怎样的情况呢？如果他的第1手就买在了最低价，后面的3次3手他会寻找更低的价格，但如果更低的价格不出现，结果后面的9手他就买不成了，就无法完成既定的购买计划。这就是发生在斤斤计较低价购买的“高手”身上的喜剧。

试验单只是试探感触的头寸，与计较买入价格高低相比，更重要的是为了寻找感觉，因此并不需要斤斤计较价格优劣。

极端的表现方法容易让人明白。

气氛、心情。

气氛、心情=①其人在其时带有的快乐、不快的综合的心理状态。②置身于那个环境的所有的人一齐进入的一种兴奋的精神状态、氛围。

比如，当一个人有点感冒的时候，平时很香的咖啡喝着也感觉不到香。本来应该是出手交易的机会，由于状态不好也许就放弃这次机会。

没错，机会有的是。

期货的禁止事项中就有“身体不好的时候不要开新仓”这一条。家庭、工作上有什么问题或担心的事情的时候最好不要交易，即使那时是一个机会，放弃也没关系。

毫无疑问，不管什么交易应该都是以盈利为目的的，但是有的人明明看涨后市，却偏偏建立空单作为试验头寸，看上去这个空单不是以盈利为目的，因而似乎毫无意义，但实际上这个空单的目的是为了确认和试验感触，为了看一看接下来出发的单子是否是顺利而建立的。因此没有必要一而再、再而三地多次建立试验头寸。假如本该愉快地出发，却因为欲望太高(想低价买入)而错过入场机会就太没意思了。如果不犹豫、愉快地出发的话，主力单就不会错过。

那么，为了不错过入场时机，主力单的建仓期间多久合适？一般来说，一个月以内主力单必须建仓完毕。

比如红小豆 1995 年的“秋底”是从 1995 年 12 月开始上涨，到 1996 年 1—2 月价格进入横盘震荡，从 1996 年 2 月底开始上涨。那么，不管是逆势操作还是顺势操作，主力单必须在 1—2 月期间建仓完毕。

1994 年红小豆的“秋底”来得早。7 月份价格最低，7—8 月底横盘整理，9 月初开始大涨。因此 8 月份一个月是主力单建仓期间。

当然，也有例外的情况。1993 年的“秋底”来得晚。1993 年 12 月至 1994 年 1 月价格最低，1 月初至 1 月底只有极短期的横盘整理，像这种情况主力单较难建仓。

总之，主力单的建仓，每个人的做法千差万别。短线交易和长线交易的人的建仓方法也不一样。要想找到适合自己的方法，非得有一定年数的磨炼。那么需要多少年？一般来说，最短也要 1~2 年。

十三、金钱游戏

交易频度(频度=频繁程度)。

一定的期间内交易多少次，成功率最高？或盈利率最多？由于这个问题牵涉到很多前提条件，所以是一个很难讨论的问题。

比如说，耐心等待一次大机会大赚一把好，还是把握住每次小机会积少成多好？

几个人讨论很久也得不出一个结论。

十四、结论总是模糊不清

在一般的书里几乎都看不到对交易频度这个问题的讨论。只有少数想当职业炒手的人有时候讨论这个问题。

交易太频繁或次数太少都不好。这不等于没说吗？

为了能够快乐、冷静地判断，没有沉重的心理负担，需要适当的休养和时常空仓休息。而且仓位也要限制在精神能够承受的范围内。

正如立川所说的，一年当中，机会有 4~5 次。在讨论当中，一开始，有的人认为，交易频度因人而异，只要适合交易实战者自己就好。但随着讨论的深入，大家一致同意不管是谁，一年最多也就 4~5 次。如果算上开仓后发现失败，在亏损未扩大的时候就撤退，那么一年中的交易机会就更少，仅仅只有 2~4 次。像这种前人传下来的宝贵经验都是经过成千上万次实战检验的，绝对错不了。俗话说“不撞南墙不回头”，与其在撞过南墙后再相信，不如在一开始就遵守。

第五章

成功与败退

一、为了获得感觉

立川有一个朋友 A 先生在股票疯狂上涨的行情中赚到巨大的资产，由于年老打算金盆洗手，从此离开股市，不碰股票。但 40 年来，A 先生一直是伴随股市的涨跌生活过来的，一旦离开股市感到寂寞，有点坐立不安。

立川对 A 先生说："你还不如做做红小豆期货，也许能够过过瘾。"

于是 A 先生准备了 500 万日元资金，开始做红小豆期货。从开始到现在已经过了一年，亏了 20 多万日元，但 A 先生刚在股市赢了几亿日元，对 20 多万日元的亏损似乎毫不在意，反而仿佛很享受学习的过程。反过来说，虽说期货与股票属于不同的领域，但 A 先生在股市盈利几亿日元，在交易上可以说并非新手，小仓位做了一年还亏了 20 多万日元，只能说这一年他的期货交易成绩不好。

他的事迹传开后，那天在事务所里有几个人议论他。在大部分妒忌的声音当中，有几个人说的还比较中肯。

(1)在疯狂的股市里能够赚到钱的人很少。他在红小豆期货交易上的表现只是反映了周围的状况而已。

(2)期货的做法与股票有些不同，习惯了就没事了。

(3)估计他没有种田的经验，不知道红小豆具体的季节变动是怎么样的，哪怕他用盆栽种植一些红小豆也好。这样就会产生红小豆季节变化的感觉。

(4)股票总的波动虽然很大，但每天的波动比较平缓。而红小豆期货的日内价格变化都很剧烈。他应该读一读《酒田K线战法》，保证交易成绩大不相同。

看来各种意见都有一些道理。

以前有一个老婆婆在股市里亏了很多钱，到我的事务所来找我商量。我问她："你学过什么？"

她回答："拉小提琴。"

我问她："学到什么程度？"

她回答："世界小提琴锦标赛第一名。"

我倒被她的回答吓了一跳。我说："那你应该明白了吧。你要反复练习看似简单的基本功。"

"明白了。死抠理论不行。"

几个月以后，她也成了股票专家。满面笑容地拿着礼物来拜谢我。

二、实行力比理论更重要

究竟股票、期货的巧拙因什么而决定？这个问题已经讨论40多年了。我相信股评家说的绝对错了，靠理论不能盈利，靠指标不能盈利。感觉和技术决定了股票、期货的巧拙。这一点能不能证明？事实已经证明了这一点。

不管在股票疯狂上涨的大行情里，还是我长期的所见所闻，还是我周围做红小豆期货的成功者和失败者，靠理论盈利的人一个也没有。

有一个外号是理论家的职业炒手，他在众人面前理论一大套，但当初在确立自己的理论时也是先把理论抛在一边，而是依靠感觉和技巧进行摸索，最终确立了自己的理论。然后把一些容易赚到手的微薄小利一点一滴地积累起来。

除了靠感觉和技巧以外，还不能蛮干，不能意气用事，经常空仓休息，灵活运用试验头寸，分批开仓，选择合适月份的合约开仓。这些都很重要，不是讲大道理。

读期货书籍的目的是为了知道如何盈利，为了知道实行的方法。但几乎所有的人读书以后，只是积累了知识，没有把学到的东西与实际交易联系起来，知行没有做到合一。虽然有少数人把学到的东西与交易联系起来了，但他们联系的只是看涨看跌的部分，没有与具体的建仓方法联系起来。即使知道盈利的方法，也没有实行。他们还没有生出实行力。

金钱游戏比扑克牌游戏还要单纯，但扑克牌小孩子也会玩，大人为什么不会玩更简单的金钱游戏？

一般来说，不管什么游戏，无知、无能者最终成为败者；有知、有能者最终成为胜者。有知就是有知识，有能就是有能力，但能力往往容易被大家所疏忽。

高尔夫是与期货很相似的体育运动，什么地方相似？

(1)一个人就可以进行。

(2)单纯。

(3)谁也不会妨碍你。

(4)精神因素大。

(5)不确定的地方多。

(6)理论与现实不一致。

(7)态度或方法分成积极的或消极的。

(8)外行与专家使用的工具不一样。

(9)专家与外行有交流。

假如请日本第一的青木选手，教授我打高尔夫球，青木会做一个击球的动作一边给我看，一边说：“林先生，真笨呢，这样打会飞得远。”

但我还是学不会。

假如让大学毕业的仓本，教授我打高尔夫球，他会从理论的角度给我讲解，但一旦牵涉到实际如何打球，我还是不会。也就是说，不管听不听理论，同意不同意理论，都不会打球。

我不相信仓位理论和市场模型理论，如果靠那种理论能赚钱，天与地都会颠倒一个个儿。职业高尔夫球手在打球时的慎重劲儿也与做期货相似。例如把球打进了树林。要穿过这片树林需要把球从树的间隙之间向前方打。但如果不小心球碰在树上向后弹的话，分数会减少。旁边是开阔地，向旁边打谁都会。职业球手虽然具备从树与树的间隙打过去的技术，但考虑到万一失败的可能，会选择向旁边打。外行明明不具备从树与树的间隙打过去的水平，却仗着所谓“男人的胆量”和“神的保佑”，往往喜欢向正前方打。结果打在树干上，分数垮下去。

这一点与建仓失败还不愿意认赔，梦想着有朝一日起死回生而把仓位锁住，自己明明没有解锁的能力，只是把仓位搞得越来越复杂，最后自取灭亡，是同样的道理。

认为职业球手向旁边打是慎重的人少之又少，大部分人认为他胆小。饭吃八分饱，适时获利平仓的专家往往容易遭到这种低水平的人的嘲笑。

三、要想盈利，还是需要掌握踏波的感觉和技术

我在军队里的剑道训练时，由于个子矮，被对手击中脑袋，眼前金星乱冒，差点儿背过气去。我的运动神经几乎为零，我第一次去高尔夫练习场是与内人一起去的，她哥哥是一个运动选手，看到我迟钝的动作，内人心想：“这个人难道自己的手和身体不会动吗？”

但我的其他神经没毛病。股票的价格波动和红小豆的价格波动也能跟得住，也能看得懂红小豆剧烈的波动。当年红小豆逼仓的那波行情我也是做多，那次红小豆活跃的价格波动给我留下了深刻的印象。在与老一辈职业炒手的接触中我养成了看走势图的习惯，星期天也整天看走势图。这个习惯对培养价格波动的感觉、提高交易技术很有帮助。

四、不同品种之间的差别

有一次我问期货公司的人："对新手来说，哪些品种容易盈利，哪些不容易盈利？"

期货公司的人回答："这是企业秘密。但可以告诉先生。"

于是他写给我以下这些按百分比算的数据。

黄金 0　白银 1　白金 1　生丝 0

干茧 2　棉丝 2　橡胶 4　粗糖 5

美国大豆 1　中国大豆 2　红小豆 11

黄金为 0，黄金这个品种很难操作。除了对黄金进行滚动卖空专家以外，一般的新手很难盈利。黄金交易所成立了 10 年，这 10 以来，还没有什么人能够在黄金上盈利。

红小豆是 11，在所有品种中盈利的比率最高。

我也开过期货公司，我的公司只经营砂糖和谷物。砂糖分粗糖、白糖、黑糖。谷物分中国大豆、北海道大豆、白扁豆、红小豆。我开期货公司的十几年间，有几个客户做期货发了财，这几个人都是在红小豆这个品种上赢的钱。

五、借高利贷来做期货

我举一个极端的例子来说明"让交易告一个段落、空仓休息"是多么重要。这真的是一个极端的例子。虽说本例子的主人公获得的巨大成功在很大程度上也是因为行情帮忙，但我想通过这个例子让读者明白"决心"和"给交易打一个句号"是多么重要。

有一个公司职员，姑且称为 B 先生，读了《大阪投资日报》里我写的期货学习的文章，也想学习期货交易。没有资金，他竟然想到向高利贷借钱。这一点不值得大家效仿啊！在离他公司不远的地方就有几家放高利贷的门店。一家借不了很多，他就分别从 3 家高利贷业者那里共计借了200万日元开始做期货交易，方法是分3批开仓。从4月份到8月底，成绩是10胜8败。B先生想："以前不知道还有这样的方法，竟然第一次练习交易就能够盈利。"

他非常高兴，到我这里来学了价格记录的方法。

因为每个月底都要支付利息，所以他的单子都不会拿得太久。8月以后红小豆的行情变成了震荡行情，所以B先生在多单平仓获利后，又反手做空，来回操作。

一个半月就还清了一家借款。心情一放松就遭遇失败，还好及时止损。

由于借了高利贷需要每个月支付利息，所以使B先生不会把单子拿很久。尽早获利平仓既提高了安全性，又能尽快地恢复不平静的心情。B先生后来成为我的期货公司的客户。他的情况我很清楚，一直到现在还在做期货，但他只是业余做期货，他的主业是开一家米粉团子店。

六、称得上是一个高手

我记不得B先生是在哪年到我的期货公司来开户的，只记得他是在我当期货公司社长以前来开户的。开户后他向账户里存入了300万日元的保证金。他做的是短线交易，一般持仓时间大约10天左右。无论是上涨行情还是下跌行情，甚至是震荡行情，只要他认为机会合适都会入场交易。那么他是否每天都入市交易呢？那也不是。遇到失败止损之后，他会休息1~2个月。一个月交易2次以后也会休息1~2个月。在什么情况下会休息，似乎也没有什么标准，一切凭心情而定。时不时地空仓休息以及分批开仓，这两个习惯对他的交易帮助很大。

他家族的主业是开米粉团子店，是由他的父母在经营，米粉团子店开在一家公园的拐角处，旁边还开了一家茶店，卖一些红豆汤、甜酒酿、绿团子。

在我的期货公司交易5年左右的时候，B先生的父亲去世。B先生本人也厌倦了公司职员的生活，于是他从商社辞职，继承了米粉团子店。经营米粉团子店以后，期货交易休息了一年左右，之后就一直业余从事期货交易，直到70岁左右才彻底不做了。

要说他水平高不高？高。但他做得小。资金总是700万日元，他是7月7日出生的，也许是因为与7这个数字有缘，所以资金总是保持在700万日元。交易的规模也小，分2批或分3批，最多可以开仓10手，但也许因为他与7有缘，他总是开7手。他基本上不搞对冲，在他的记忆里，20多年间对冲交易只进行过1~2回。

或	分2次	1、3	合计4
	分3次	1、3、3	合计7

一般持仓2~3天。分批开仓，一举平仓。这样的仓位才是单纯花的极致。

盈利后，资金超过700万日元以上的部分他马上取走。那么25年他拿走了多少利润呢？因为他一次也没有向账户里添钱，因此拿走的是纯利润。假如1年1次拿走100万~150万日元的话，25年就是2500万~3750万日元，是一个令人惊讶的金额。但100万~150万日元的年盈利率只有14%~21%。

各位读者，不要瞧不起这个数字。这个以小资金做小交易的人不是在过家家，他是一个大高手。

七、必须开一下试验单

1962年，我当期货公司社长的时候，其他期货公司有一个业务员介绍他亲戚到我公司来开户，开户当天就存入保证金300万日元。

这个业务员自己也在学习期货，经常过来问问题。他认为他亲戚在我这里开户，我能够教他。即便不能把亏掉的2000万日元赚回来，至少也能令他盈利。他亲戚的职业是土建公司的现场监督，姑且称业务员的亲戚为C先生。在C先生开户的那天，办完开户手续业务员领C先生来见我。我教了C先生记录价格和绘制走势图的方法。给他2年红小豆期货的日收盘价数据，让他在大的方格纸上绘制走势图。

过了几天，C 先生打电话过来说：“下单，买入 5 手红小豆。”

我对他说：“你不要买 5 手，还是先买 1 手吧。”

C 先生说：“买 1 手的话赚不了钱。”

我说：“这是试验单，先开 1 手。为什么这么做等下次你到我公司来的时候我告诉你。”

于是 C 先生只买了 1 手。买入后，红小豆价格果然上涨。

C 先生打电话过来说：“平仓。”

我说：“还会继续上涨一些，你看一下走势图。等涨势钝化的时候再平仓。”

单子拿到 10 天以后才平仓，盈利大约 3 万日元左右。

过了几天，C 先生到我公司来，我给他讲解了分批开仓的方法。

游戏规则越简单，就越是易学难精。谁都能够很快学会，但很难成为高手。看上去能大赢一把的时候特别容易满仓操作。没有学习的榜样就只好自己瞎琢磨。贪多而不精。越简单的基础越重要，但越容易遭到忽视，等等，等等。期货技术说简单，简单得令人哑然失笑，说到底，就是“分批开仓”与“等待”。

分批开仓有两部分内容：①试验单的灵活运用；②主力单的分批开仓。

从心理上想“尽快大赚一笔”的欲望越大，越容易失败。

试验单从小的方面说有 3 种作用：

(1)试验一下自己的强弱观。既可以正着试也可以反着试。反着试就是，明明看涨也开一个空单。

(2)试一下自己的手感。之前已经空仓休息了很长一段时间了，开一个单子找回价格变动的感觉。

(3)确认一下该不该出场，机会是不是到了。

试验单更主要的作用是避免未看清方向就一下子建立主力单的危险性。

试验单的开仓方式因人而异，千差万别。

试验单是必须要开的。不开试验单的人，必定会破产。

八、所谓“绝好的机会”只是你自己那么想

C先生听懂了，但他问：“分2批开仓，能不能5手、5手地开仓。”

我回答：“上来就5手，万一亏损你会因为浮亏太大而舍不得止损。相反，如果有‘浮盈’的话也会过早地就平仓获利了。对300万日元的资金来说，10手的仓位太大了。我认为5手就可以了。分1、2、2开仓。”

C先生说：“这样太麻烦了吧？期货公司会讨厌我们吧？”

我回答：“这是我们自己的事情，与期货公司无关。而且一开始就分3批开仓不容易习惯。你先练习‘分2批’开仓，就是1、2。”

C先生说：“明白了。上次那个多单平仓获利后价格又下跌了一些，我认为还会上涨，是否再买入试试看？”

我说：“这不可以。你第一次交易就是买入1手，上次打电话让平仓也是你，现在的价格比那时候还要高，你怎么还打算再次买入？”

C先生问：“要不试着卖空？”

我说：“不对。应该休息。休息的目的从心理学上来说是‘杜绝信念的惯性’，换一个新的心情。你上次那1手单子拿了一个半月，你在一个月左右的时候就打算平仓，当时我阻止你平仓，你又拿了10天左右才平仓。这一个半月的上涨已经给你留下了很深的印象。现在获利平仓后，一遇到回调又打算买入就是因为上涨的思维惯性。我不是在指责你，也不是说你这个预测就一定是错的，而是让你学会为了换一个新的心情进行下一个交易，需要特地留出空仓休息的时间。”

C先生问：“需要休息多长时间？”

我说：“机会是逃不掉的，休息几个月都行。大致休息1~2个月。”

C先生问：“如果在休息的期间当中买入机会或卖空机会到来了能不能开仓？”

我说：“最好不要开仓。你刚才不是说现在是‘绝好的’买入机会

吗？那只是你自己那样判断，在第三者眼中看来也许那并不是绝好的机会。你那样判断也许是因为思维惯性的缘故。

“你听起来我这样说很冷酷吧？但上涨或下跌从概率上来说只是各占 50%，也许比你想象的还低。”

C 先生说：“原来如此。先生是这么严肃地做期货呀！今天我学到了很多东西。谢谢。”

从那以后，他接受我的建议，再没有大的失败，即使资金增加了仓位也没超过 5 手。刚开始，C 先生采用分 2 批开仓的方法：1 手、2 手；3 手一起平仓。熟练以后改为分 3 批开仓：1、2、2；5 手一起平仓。

1972 年，C 先生全家移民斯里兰卡，大约 10 年时间，他账户里的资金已经从 300 万日元增长到超过 1700 万日元了。

九、水平虽高却赔钱

还有一个人刚到我公司开户的时候也存入了 300 万日元的保证金。按本书人物登场先后顺序，姑且给他起名为 D 先生。虽然初始保证金都是 300 万日元，但 D 先生因为一个地方与 C 先生处理不同，最后结果大为不同。

D 先生是一个公司职员，业余时间还下得一手好将棋，是日本将棋的冠军。其实 D 先生的期货做得挺好的，开仓合约月份的选择恰当，开仓的点位也好。他的日本将棋的技术这么高，说明他在学东西的顺序和方法上有一套。刚来的时候，我教他分批建仓的方法，他也马上就领会了。但他有一个习惯，就是没有空仓休息的时间，而是没完没了、无时无刻地交易。一个交易接着一个交易，交易频繁，质量必不能保证，时不时会捅篓子，有时候还捅大篓子。本来是盈利的局面，盈利全部吐回去不说，连本金都发生亏损，本金亏光后又从银行里取出钱来追加到期货账户里。这样的情况发生多了，终于在 3 年以后连银行里的钱也取光了。没钱追加，只好死心断念放弃了期货交易。

D 先生落得这么一个结果就是因为不懂得空仓休息。说到空仓休息，我想起有一次我和职业炒手佐藤和三郎以及《日经新闻报》的记者 3 个人一起去江之岛打高尔夫球，打完球一起吃饭的事情。期货小说《大番》的主人公就是以佐藤和三郎为原型写成的。

席间记者问："炒股有什么赚钱的秘诀吗？"

佐藤回答："休息……。只要持有股票，就没办法休息。有一个办法，到了 12 月底，把所有的股票全部卖掉，不可以用指定价下单，必须全部用市价下单，以保证必定成交。无票一身轻，才能安心静下心来思考。想买的股票等第二年新年开盘以后再重新买回来就行了。这样做的话，拿在手上的都是好股票，能赚钱。多花掉的手续费与盈利相比，小意思啦。"

原来如此。

在英国有这样一句谚语："投资者是忘记反省的人种。"

手上有股票，就不再会客观地反省。

我把这个"年底空仓休息"的方法教给了我的客户。其中有一个客户连续 12 年一直遵守这个方法。他不仅在年底空仓休息，而且在 5 月连休的黄金周也空仓休息。这样，他就像换了一个人似的，交易成绩显著提高。以前他经常购买一些股票杂志看，采用了这个方法以后，股票杂志也不买了。

他说："股票杂志都是一些马后炮，我有价格记录本和走势图就足够了。"

第六章

交易技法

一、要习惯3个月周期

红小豆是农产品，而且是一次制品。所谓一次制品就是保持收获时的形状不变。

把一次制品和二次制品排列比较一下就明白了。

一次制品　红小豆　　黄豆　　玉米

二次制品　砂糖　　　棉丝

一次制品在工厂里经过加工才能成为二次制品。二次制品的供给量可以通过调节储藏量和制造量来调节，一次制品供给量只能通过地域的移动(包括进出口)来调节。

红小豆是农作物，一年收获一次，这一点非常重要。因此交易技术也是以一年的单位为周期。一年当中最低价出现一次，那是绝对的买入机会。

那为什么有的人在那个地方不买？那是因为在最低价出现的时候，流传的消息却是“价格还会继续下跌”，所以引不起人们购买的愿望。当然，最高价的时候也是这样，消息是“还会继续上涨”，也引不起人们卖空的愿望。还有一点在技术上也很重要，就是月份的存在。

不同市场的交割价格也不相同。

1969年10月份合约的交割价：

东京　14250日元

札幌　11260日元

红小豆的价格一般是3个月为周期。例如，假若“春顶”在4月的话，“夏底”就出现于六七月；“秋底”出现于10月的话，“春顶”就出现于12月、1月。“秋底”来得晚，如果在12月的话，“春顶”就是二三月。因此，交易技法的周期也必须是3个月。

假如12月15日是“晚秋底”，则3个月后的3月15日是“春顶”。“夏底”是6月15日，“秋顶”是9月15日。就是说，每隔3个月反手操作也能盈利。这说明红小豆存在着3个月的周期，这3个月周期从1923年小樽的杂谷交易所开设以来就一直没有改变过。但一般的投资者为什么会无视这样的周期而受消息的影响？是因为心理抵抗力弱。因此，不必太在意产量、库存、进出口等供求方面的基本面数据。等习惯了3个月周期以后再学习这些东西也不迟。

二、价差理解的初步

期货市场有句格言：“价差的变动没有例外。”

不管什么品种，价差的变动都发生在底、中段、顶部。价格顶底的形态很丰富，有W形顶、底，三尊，等等，但价差的变动只发生在底、中段、顶部。

一般的投资者受到毁灭性打击的原因多半是把被套住的单子一直持有到交割，因此反过来，把盈利的单子一直持有到交割是最好的，不管上涨行情还是下跌行情都是如此。

读者反驳说：“那是因为价格波动才造成这样的结果。”

我说：“不对，是因为价差的变动才造成这样的结果。”

举例说明。

被套的单子一直拿到交割，这是群集心理的结果。因为在该月份有很多人都被套住，所以会形成低价交割。

我并不是要你们每隔3个月一定要反手操作，而是要你们注意3个月的周期。在高价以后，也许是3个月的底部徘徊行情，缓慢上涨1个月以后，也许是较快上涨2个月。总之，在试验单、主力单开仓以前，一定要休息一段时间。试验单开仓以后，也不一定非得要开主力单不可，主力单在开仓过程中也可以半途中止。大亏以后，不要急于交易，可以休息长一点时间。总之，必须重视空仓休息。

三、有利的价差是什么样的?

前面已经讲过了试验单，接下来要讲主力单的月份选择。主要是考虑价差为主的月份选择。

一谈到价差，必有人说："价差难理解。价差是伴随着价格变动出现的现象，对盈亏影响不大。即便有影响，也没大到影响成功与否的地步。"

这是不对的。但如果你相信这一点的话，你就彻底把它作为信条。

如何彻底?

在一年当中1~2次大的波动的时候出动。即使不能赚到大波动的全部，只赚到一半，全年的盈利率也足以达到30%。用这种方法就不必管他价差不价差了。

四、没有绝对的时候

试验单的目的是侦察、试手感、获得价格波动的实感。试验单的开仓方法也是五花八门，各不相同。我的熟人当中有一个人喜欢一年到头总是开1手试验单，不是多单就是空单，姑且称他为E先生。E先生一年当中也会休息一个月左右，因为他知道红小豆存在着季节的变动。

在空仓休息的时候，感觉多少都会有些淡漠，所以恢复交易的时候需要一个试验单来恢复感觉。有的人说E先生对试验单着迷，就像邮票的发烧友遇到一张好邮票一样。但对E先生来说，试验单是必要的。

E先生说："我也知道空仓休息的重要性，但对我来说还是需要时不时地开 1 手试验单。但有时候，也因为试验单而错过大行情。例如 1991 年秋天，红小豆 3000 日元的上涨大行情我只开了 1 手多单。试验单本来就是为了发现大行情而开的，反而却因为试验单而错过大行情。有的人说我傻，但要想到多亏了这手试验单，我没有做反方向。这样一想也就心平气和了。试验单对我来说不仅是守护神，也是必不可少的东西。”

长期做期货，一年中总会有一次自己认为是绝对的机会。在绝对的机会面前想重仓开仓也是很正常的。但只有能够克服这种冲动的人才能积累起资产。为何？因为你认为是绝对的机会，在冷静的第三者看来也许并不是绝对的机会。

我说一件发生在自己身上的事情。30 年以前，我猛学期货，不断努力。渐渐地开始盈利，资金最大的时候接近 1000 万日元，但又开始减少。几年之间，一旦接近 1000 万日元就开始减少。我甚至有点怨恨自己了：“难道我这辈子注定超不过 1000 万日元了吗？”

这时，股票大师晴披先生对我说：“你说是绝对的机会，那只是你自己独自一人这么想，在第三者看来，那并不是绝对的进场机会。越是在那样的情况下，仓位越要有所保留才是。”

他的话令我顿时清醒了。

五、踏波的基础

试验单是只有 50%把握的单子，主力单是有把握的单子。试验单是不是分批开仓的主力单的一部分？专家一般认为不是，因为专家在交易的时候想方设法规避风险。

六、未知的波动

红小豆底部的价格波动包含了各种行情的典型形态，日本的行情早期主要是大米行情。大米的价格起伏较大，甚至有的人猜上半场收盘价作为一种赌博的手段，到了第二次世界大战以后，主要是红小豆的行情。红小豆的顶部比较陡峭，底部比较平缓。红小豆的顶部一般不像庄股那样急上急下的尖顶，而是 M 形顶，底部一般是 W 形底。

有一次立花义正在期货公司遇到一个大叔，大叔对他说："红小豆的价格比股票还有规律，上涨下跌有节奏，更适合做摊低买入的练习。但是你也不要想着靠红小豆一夜暴富，做红小豆期货最好只限于用 1/3 的仓位练习摊平。不要忘了你的专业是股票。你做红小豆只是为了提高炒股技术。必须学会开仓。"

立花义正从此开窍了。

M 顶或 W 底期间短的有一个多月，长的有 3 个多月。

在顶部卖难，还是在底部买难？在底部买难得多。理论上讲，轰轰烈烈的上涨行情之所以戛然而止，是由于多头内部的不齐心。只要有一小部分资金率先获利平仓就会造成多头阵营像多米诺骨牌倒塌一样，纷纷获利平仓。多头行情毁于自己内部。而底部下跌行情的终止一般不是由于空头内部的自我毁坏作用的破坏，而是被多头不动声色地吸筹慢慢拱起来的。上涨的苗头很不容易发现，人们还以为行情多半会继续下跌呢。价格静止不动间突然猛涨，事先完全看不出一丁点儿上涨的兆头。

虽然对新手来说，很不容易分辨顶部的多头何时由真买变成了假买，但稍有一点经验就会发现，上涨的势头变得迟钝了，不再是接近 90°的上涨，而是变成锯齿形上涨，锯齿的高点没有突破前高，或者即使突破，突破的幅度也变小了，等等。

在 1~3 个月的 M 形顶部建仓的过程中，当然希望试验单、主力单的平均价尽量开得高。但要真正做到满意，一生之中也是屈指可数的。据统计，能够卖在顶部最高点的概率是一千五百万分之一，能够卖在顶部 2%范围以内的概率是五十万分之一，能够卖在顶部 10%范围以内的概率是三十万分之一。就这么难。

能达到"马马虎虎做成了"的程度已经相当不错了。不管是上涨行情还是下跌行情，3 个月行情中能够赚到 1 个月至 1 个半月的就是巨大的成功，这就是做期货。因为价格未来会走向何方完全是未知的。

不管是涨还是跌，只要能赚到一半的价格幅度就应该知足了。如果一个人能够经常稳定地赚到价格波动的一半幅度，那他一定能够成为世界第一大富豪。况且，期货是失败接踵而至的游戏，盈亏相抵依然还剩下些盈利就成了。为了尽早意识到仓位的失败，让亏损止于小额，所以才需要开一个试验单。

七、只要不亏就行

有人问："试验单是为了练习而开的吗？"

不是。试验单是为了主力单的建仓而试验性地开出的单子，根据试验单的盈亏来判断主力单是否到了开仓时机。

另一个问题："因为主力单是在试验单之后才开出来的，看试验单认为可以买，主力单才能开仓，因此主力单成交价比试验单高。反之，在卖空的时候主力单成交价比试验单低。因此试验单不就是让主力单处于不利价位的单子吗？"

回答："即便是主力单比试验单价位稍稍不利，又有何妨？如果通过试验单知道了还不到主力单开仓的时候，试验单的目的就达到了。试验单即使止损也只有 1 手，损失的金额也不大。如果不建试验单，直接就建立主力单，一旦发现时机未到，因为主力单的仓位比试验单大，止损的亏损也大，交易者就不容易下决心止损，带有侥幸心理不及时止损，直至把亏损拖得大得受不了。试验单能将亏损止于小额，这就是建立试验单的必要性。"

这一点很难获得理解。

比如你遇到一个连续 3 个月上涨的行情。你通过建立试验单，获得行情开始上涨的感觉，于是建立主力单。即使主力单建立得稍稍迟了一点，只要拿住了后面的上涨行情，不耽误你的盈利。

下面说一说各个练习的阶段吧。

首先说一说分批开仓。

在行情的底部买入 2 手，不必神经质地目不转睛地盯着价格，一心想买一个低价，越紧张效果越不好。比如在你面前 3 米远的地方放一个纸盒子，把高尔夫球扔进去，扔 100 个大约能进 50 个。

“我不信！这次扔 80 个给你看看！”

结果，这次只扔进了 30 个。这是因为紧张肌肉僵硬的缘故。做期货也是这样，越想买到低价格，你在精神上就越僵硬，就越买不到。

淡然地做就行了。

从理论上说，这 2 手多单的平均价格越低越好，但你在底部震荡区域买到的这 2 手单子能够拿到后面的上涨行情，不就是巨大的成功吗？不要说 2 手，即使只买了 1 手也是巨大的成功，因为投资者中 90%以上的人最终都会亏损的，买入 1 手，只要盈利了，就也属于那 10%以下的高手之列。至少不是亏损。因此只买了 1 手也不是失败。认为这是失败的想法才是奇怪。而且因为紧张，1 手也没买到也不算失败，错过买入机会也不算失败。的确，本该盈利的机会错过了，但并不是亏损。与上涨行情卖空亏损的人相比，简直是天壤之别。

八、精神负担大

练习的时候买入是	—1	—1			
主力单开仓是	—1	—2			合计 3 手
	—1	—2	—5		合计 8 手
	—1	—4	—10		合计 15 手
	—1	—4	—10	—10	合计 25 手
	—1	—0	—30	—40	合计 81 手

方法都一样，这些都是基础练习。

（译注：—1　—1 就是分 2 次各买入 1 手）

遇到长时间震荡，有时候买了又买，不知不觉地仓位变得过大，这一点要引起注意。仓位过大会导致精神负担过大，自己被精神负担压垮。这时，交易者会一心企盼价格快点上涨，容易继续增仓。而当价格真的涨上来的时候，又会因为坚持的时间过久而累得挺不住（怕这涨上来的价格是稍纵即逝的高价，很快又会跌下去导致再次被套住），“算了，算了，不管它后面是高是低，先逃掉再说吧（因为多单曾经被套住过）”，把多单急急忙忙平仓，从而错过上涨行情。空仓之后，后面到来的是真正大的上涨行情。

“完了。”

又急忙追高买入。

我在上一节说过，错过也不是失败，不必后悔。没有必要后悔。

顺便说一点，如果仓位过重，且有幸大涨上来的话，在巨大盈利面前，要知道适可而止的道理，适时减仓获利，在精神上更爽快，结果往往也更好。

在实际交易中，头寸的增减往往会与事先的设想完全不同。这就是进入未曾体验的领域的恐怖。价格波动常常向着未曾体验的领域发展，事先设想好的东西往往一点用处也没有，直接面对现实的体验是恐怖的。

美国有两个登月的宇宙飞行员，其中一人回来后住进了精神病院，另一个人从此相信世界上有神的存在，创立了一个新的宗教并当上了教主。他们都是科学家，登月前充分学习过月亮、宇宙的知识，应该熟知月亮的情况，但登月后回到地球就发疯了。

做期货也是这样。充满着未曾体验的事情（价格波动）与自己如何应对（精神负担）之间的矛盾。为了克服恐怖情绪，所以才需要在正式交易之前用少量头寸进行练习。

九、谨慎不等于消极

再谈一谈盈利的方法。

比较现实的想法是，做期货只要不亏钱就行。

有的人为了一夜暴富，满仓或重仓开仓，那是愚蠢透顶。因为重仓的时候人的精神负担太大。登月的宇宙飞行员就是因为精神压力太大而变疯的。我有一次明明账户上有不少浮动盈利，在回家的时候坐电车坐反了方向，也是因为红小豆期货仓位太重，担心次日期货行情风云突变、账户由盈转亏，精神太紧张、心不在焉所致。

所以就不难理解为什么有 7 亿日元资产的立川先生在期货公司只存了 3000 万日元，仓位最重的时候只开仓 30 手，而且 1~2 年才做一回期货。

如果说他这样做是胆小鬼，资金效率低，说这话的人一定会成为期货市场的惨败者。

只动用 1/10 资金如果加上杠杆作用，对总资金的盈利率就效果惊人。乔治·索罗斯的对冲基金虽然巧妙地运用了杠杆作用，但也对危险的高风险高回报的金融派生商品碰也不碰。即使如此小心，也曾经出现过 20 亿美元的亏损，但因当年已经盈利 30 亿美元，两者相抵仍盈利 10 亿美元。

假如你在一个连续上涨 3 个月、涨幅为 1500 日元的红小豆上涨行情中赚到了 500 日元的价格幅度，你不应该沮丧地想："我才赚到 500 日元幅度"，而应该高兴地想："我竟然赚到了 500 日元幅度！"

虽然这样做会被有的人说"太消极"，但只要不亏，账户就在 0 与正之间变动，一年盈利 10%左右，耐心地把这些在某些人眼中的"小利"积累起来，就能积蓄起庞大的资产。在耐心积累稳定小利的过程中，只要不做"成败在此一举"的危险交易就行了。

再看一看红小豆期货在一年当中的波动幅度是多少。

1994 年	1—3 月	上涨幅度	2900 日元
	4—7 月	下跌幅度	4500 日元
	7—11 月	上涨幅度	5000 日元
1995 年	1—2 月	上涨幅度	2000 日元
	4—5 月	下跌幅度	2000 日元
	5—7 月	上涨幅度	2000 日元
	7—11 月	下跌幅度	4000 日元
1996 年	1—5 月	上涨幅度	4000 日元
	5—7 月	下跌幅度	2000 日元
	7—8 月	上涨幅度	2000 日元
	8—10 月	下跌幅度	1500 日元
	10—12 月	上涨幅度	1500 日元
1997 年	1—3 月	下跌幅度	1800 日元

	3—5 月	上涨幅度	1400 日元
	5—7 月	下跌幅度	3500 日元
	7—10 月	上涨幅度	3500 日元
	10 月至 1998 年 1 月	下跌幅度	2000 日元
1998 年	1—2 月	上涨幅度	1800 日元
	2—4 月	下跌幅度	1300 日元

红小豆在这 5 年间，平均涨跌幅度大约为 1500~4000 日元。只要赚到其中的 500 日元幅度的利益就是巨大的成功。在这么多上涨下跌行情中，只要赚到其中一半，甚至 1/3 行情就是巨大的成功。即使错过一半的行情也没关系。这样考虑的话就会感到做期货也不那么难了。更何况要时刻抑制恐怖和欲望，自己的技术顶多只能发挥一半。换言之，做期货，磕磕绊绊是常态，顺顺当当是偶然。只赚到自己认为赚得到的一半或者 1/3 就足矣。这绝不是消极的想法，而是非常积极的想法。如果你再回想一下自己走过的路，就会同意我说的话。

第七章

成功、失败的分水岭

一、10小时1个人自杀

据说每隔10小时就有1个人因做期货失败而自杀。100个人当中能够剩下来的只有3~5个人。有的人说："做期货自杀？至于吗？在还没输惨的时候就放弃不就行了吗？"你没有亲身经历过不知道会多么入迷。有的人认为，做期货破产或自杀与交通事故一样，不会落到自己头上。

有的人说做不做期货完全是自由的，稍微察觉到一点危险马上撤退就行了。想当年在日本股市疯狂上涨的时候低价股投资俱乐部是成绩最佳的投资俱乐部，但中途也有16个人退出。交易失败的原因各不相同。

先说第一个例子。

有一对夫妇给我印象很深，他们是一起来申请加入俱乐部的。经过5年奋斗，他俩赚到了1亿日元。到我公司来谢我的时候，他俩对我说："我们现在空仓，但是完全不做也太无聊，买了一些二级市场的股票。"

我说："绝对不行，马上卖掉。你们回想一下，5年前来报名的时候你们才那么一点点资金，现在已经赚到了1亿日元，目的已经充分达到了，从此不再炒股也行了。即使不愿意金盆洗手，也应该休息一段时间。"

1990年日本股市开始暴跌。1990年2月我给他们打电话说："现在哪怕你们亏掉3000万日元，还剩下7000万日元，也要马上把股票都卖了。”

他们还是听不进去。

一年后，我向旁边城市的低价股投资俱乐部的成员打听他俩的情况，他们说：“听附近烟店和菜店的人说，他们夫妇俩自杀了，孩子被亲戚领养了。”

再说第二个例子。

公司来了一个人。他告诉我，5 年前以 1000 万日元开始做红小豆期货交易，现在的资金是 800 万日元。

他说：“其实我的交易技术还可以。账户余额最高的时候曾达到 4000 万日元，但起伏很大，简直是波澜万丈，现在只有 800 万日元了。唯一的缺点就是赢钱以后就会掉链子，精神上放松了，出一些莫名其妙的错，所以我到山上的庙里去了一个月，坐禅修行。”

他身上还穿着僧侣的衣服。

二、破产的故事令人悲伤

我是 1993 年搬到练马区中村桥新家的。有一天我遛狗在公园长凳上休息的时候，另一个遛狗的本地居民也坐在这条长凳上，我们聊起天来，我说我的工作与炒股相关。

他说：“搞股票的有很多坏人。你看那边有一座空房子吧？房主人就是被一个搞股票的骗了，把那座房子卖了现在搬到租的房子去了，他夫人和女儿都哭了。”

不清楚那房主人是真的被骗了还是自己胡乱操作股票导致亏钱，但看旁边这人的表情显然是因为老邻居亏钱亏得把房子都卖了，而为其悲伤。

一般的投资者不了解其他投资者的事情，因此感觉发生在其他人身上的事情就像交通事故一样，不会发生到自己身上。但像我这样近距离接触投资者的人就不同了，我经常看到破产或自杀的事情，长年累月下来看到相当多的人破产或自杀。但即便现在，听到这样的消息，我还是真正的悲痛。

有一个在期货公司工作了30年的业务员对我说："先生在期货公司是从底层业务员做到业务部长，最后做到社长的吧？因此先生眼光锐利，只要看一个投资者的价格笔记、走势图就能判断此人能否成为高手，与投资者谈一小时话，就能知道他将来会不会失败吧？还知道什么人能教得好，什么人顽固到底，不可救药吧？"

三、谁一开始资金都很少

他说得不无道理。

首先，没有先入驻观念的人比较好教。像《波段交易法》里写的一个19岁和一个22岁的女孩就是这样的人。像那些聚集在证券公司的大叔大妈们，胡乱炒股大亏的人，我给他们讲解虽然也有理解的人，但最难让他们理解的是，一旦亏了大钱，再想赚回来就是一件很困难的事情。但一开始，谁都是从小资金起步的。

立川先生做了30年红小豆期货，积累了7亿日元。可一开始的几年一直赔钱，爆仓后找来资金重新开始的时候资金也很少。《波段交易法》里那两个小姑娘刚开始炒股的时候资金也很少。就因为钱少，人们才想通过炒股挣钱。钱多得用不完的人，就不会再碰危险的股票、期货了。但是，即使从未接触过股票、期货的小资金投资者，只要按部就班地学习，学习的路走对了也能获得成功。那么，最少必须有多少资金呢？立川先生在30年前做期货，那时需要100万日元。现在的话，最少需要200万~300万日元。

四、亏得精神异常

刚开始交易的人或经历爆仓、重新开始的人，一开始资金都不会很多。这其中，最后只有百分之几的少数人能够成功。要成功就必须提高交易技术，像上面提到的那两个小姑娘是自然地、慢慢地学会，属于正常情况，但若太性急，需要一年才能学会的东西打算在一个月就学会，反而容易失败。反复失败几次以后，会变得绝望，甚至会变得精神异常。举一个例子。

1998 年 11 月末，有一个人到我的公司来拜访，他的嗓门儿大，手势动作夸张。

他说："先生。托先生的福我成功了。不论怎样感谢也表达不尽我的感激之情。"

他笑容满面，但这笑容给人一种装出来的感觉。身穿一件脏兮兮的衣服，袖口和肘部都油光发亮。

一般来说，越穷的人越喜欢为了满足虚荣心而穿华丽的服装，有钱的人却不怎么讲究。但脏是另外一回事。

他说："我读了先生的书才知道期货真正应该怎么做，我豁然开朗。机会一年只有 2~3 次……用活试验单……分批开仓……不满仓操作，资金始终留有余地……这些我都一直遵守。5 年了。5 年说来简单，但太辛苦了。只有经历过的人才知道有多么辛苦。总算快要赚到 1 亿日元了。我厉害吧？"

当他离开刚把门关上时，公司里的女社员就说："他在撒谎吧？先生为什么不揭穿他？"

"他可能神经有点不正常。如果揭穿的话没准被他打。"

两天后，股票投资俱乐部的会员 M 先生来访。

M 先生说："先生，两天前有没有一个奇怪的人到你公司来过？

我说："有啊。"

M 先生说："是这么回事。"

M 先生是一个宗教团体的信者。在一次宗教集会上有一个不认识的人跟他打招呼。那个人说："据说 M 先生以炒股为生，我现在也对股票感兴趣，您能不能教我？"

M 先生说："我没有炒股。我做的是商品期货，因此不懂股票，不能教你。"

那个人说："那正好。我现在也在做橡胶、大豆、玉米期货的交易。请务必教我。"

M 先生说："我做的是红小豆期货，橡胶和大豆不是我的专攻，所以搞不懂。"

那个人说："那太幸运了。我也正想放弃橡胶和大豆，改为专攻红小豆。请务必收我做你的徒弟。"

他说话手舞足蹈的，样子有点不正常，M 先生本想尽快结束对话，直接回家，但考虑到大家都是同一个宗教的信者，所以就耐心地与他对话。

M 先生问："你为什么决定专做红小豆期货？"

那个人说："有一次我在一家期货公司研究会上听一个有名的先生演讲。他说，如果不专做一个品种的话就不会成功。那个先生说，红小豆期货的价格不受汇率变动影响，价格波动比较单纯。从那时起我就考虑将来专做红小豆期货。但我对红小豆一点都不了解，很困惑。今天我能遇到 M 先生也许是我俩有缘吧？"

M 先生没办法，与那个人一起去喝咖啡。在咖啡店里，M 先生教给他如何记录每天价格和绘制走势图。那个人告诉 M 先生以前损失了几千万日元。

昨夜那个人又到 M 先生家告诉 M 先生去过林先生公司拜访，吹牛说如何如何盈利，林先生也没看出来。

M 先生说："实在对不起啊！"

五、误解

亏损的人有各种各样的状态。

这个人属于狂燥的状态。更多的人属于忧郁状态。

比如，让他记录价格，他反驳说："数字能产生变动感觉，有这种理论根据吗？"告诉他要用大的专门的纸张绘制走势图，他说："画走势图就能赚钱的话，谁都画了。"

还有许多人喜欢用成交量、持仓量、交易比率、移动平均线、相对力指数、RCI、艾略特波动理论等指标来指导交易，亏了大钱还不觉醒。要说服这样的人也非常困难。

"用这些指标指导交易是不可能盈利的。"

"那么，照先生讲的做就能够成功吗？"

“按照顺序学习，还需要努力。虽然比猜拳还容易，但至少需要经过建仓、持仓和增仓、减仓、平仓等 3 个阶段，不是一句话讲得清楚的，而且还需要熟练。”

这些话也不容易让对方理解。

“你学过什么东西没有？比如围棋或钢琴？”

“我学过空手道。”

“那你就应该明白，一开始是反复练习冲拳、步法这种简单的动作，这就是打基础。交易也是一样。为了彻底掌握这些基础动作，使之变成自己下意识的反应，需要反复练习。”

“需要练习多长时间？”

“因人而异。一般来说，1~2 年。”

“要这么长时间？我看到朋友在红小豆期货上亏了大钱，我就事先学习。花了一年左右的时间读了 10 本左右商品期货的书，参加了几次期货公司举办的期货研究会。一年的时间把 1000 万日元的资金做到了 1800 万日元。之后就开始亏钱。我的经验是，做期货最重要的就是时机。”

六、稳定盈利

立川先生当年做红小豆期货，一开始 10 年一直失败，他痛定思痛找了 3000 万日元资金，从巩固基础开始重新出发，之后 20 年只做红小豆期货，终于获得成功。

1~2 年做一波行情，仓位最多 30 手，一般 20 手。做了 20 年，挣了 7 亿日元。年利益达到 2000 万~3000 万日元，相当于 70%~100%，但只动用了 10%的资金，属于轻仓操作，毫无心理压力。

《你也能成为股票专家》的主人公立花先生 1965 年时资金超过 5000 万日元，20 年后，1984 年他的资金达到 5 亿日元。

这两个人都是在市场上获得巨大成功的人士，还有很多人用 1000 万~2000 万日元，刨去生活费还略有盈余，这也属于比较成功的人。这些成功的人的共同特点就是不图一夜暴富，而是稳定盈利。

这些稳定盈利的人与亏损的人有何不同？

七、掌握技术

个人交易的时候，交易数量、分批的方法、退场的时机完全自由，技术的高低决定了交易者能否盈利。

学过围棋或学过钢琴的人都知道，要想棋下得好必须背熟很多棋谱，要想钢琴曲子弹得好，一开始必须反复练习简单的曲子，练得滚瓜烂熟以后，才能弹出好听的曲子。空手道的话，必须反复练习出拳和躲闪。期货交易也是一样的。典型的方法，从开仓到平仓反复做，这叫巩固基础。基础打牢固了，就容易提高。那么，如何打基础？简单地说，就是反复进行分两批开仓，直到完全掌握为止。

八、巩固基础

通过反复练习来掌握交易技术，巩固基础。

方法就是自古以来传下来的分两批开仓。

买入 1 手

买入 1 手(加仓)

2 手多单一起平仓。

或

卖空 1 手

卖空 1 手(加仓)

2 手空单一起平仓。

无数次地反复练习。

练习的时候只要保持这样的小仓位就可以了。即使有 1000 万日元的资金也不可以加大仓位。练习的期间因人而异，一般 1~2 年，5 次以上。

有的人问："为了快点赚钱，练习 1 次以后可不可以加仓？"

我回答说："为了学好钢琴，一支曲子要练习 1 万小时。这交易才让你练习 1~2 年，5 次，你都忍不住了？”

有的人知道练习的重要性，就是做不到，其结果只能是在市场上亏大钱，再也恢复不过来，这时才认识到做期货(股票)有多么的难。但是，很少有人有勇气重新打基础，重新出发。只能一味地永远在原地徘徊，太可惜了。

交易	仓位
—1	—1
—1	—2
2—	0

和

交易	仓位
1—	1—
1—	2—
—2	0

1 次是 1~3 个月，5 次是 15 个月，大约是 1 年半至 2 年。分批开仓练习几次以后，自然就知道该在什么时候加仓以及如何加仓。

交易	仓位
—1	—1
—3	—4
—6	—10

仓位变成 10 手。

也可以分多次开仓。

交易	仓位
—1	—1
—2	—3
—2	—5
—5	—10

以上是 10 手仓位，分 4 次开仓。

下面是 30 手仓位，分 5 次开仓：

交易	仓位
—1	—1
—5	—6

—5	—11
—10	—21
—10	—31

30 手的仓位。拥有 3000 万日元资金的立川先生也要 1～2 年才建一次这么大的仓位。一生当中能够建这么大的仓位的机会是屈指可数的。

各位读者，你们有没有好好考虑一下，你们一生当中能够交易多少次？当然不是指分批开仓的次数，而是指建头寸群的次数。假如你一年建 2 次仓，一生(假定是 30 年)也才 60 次。因此我才不厌其烦地强调练习二分批开仓的重要性。

九、工具

职业炒手的 3 件宝物是：价格记录本、头寸记录本、资料，至少有价格记录本、走势图。

自古以来，人类的活动形式没什么变化。马拉松自发明的时候就是人用两只脚跑完的，发展到今天，人们依然是用两只脚跑完全程。交易的人做的，几千年下来也没什么变化。资本主义出现到现在 600 年，无数的人拼命总结交易经验，出现很多交易的流派。

打基础、提高水平、发财致富，究竟要如何做才好？归根结底还是要研究用什么工具。因为在出现比尔·盖茨、孙正义这样的电脑天才的当代，也未曾听说有谁靠电脑赢钱，因此还是要靠传统的方法盈利，你想发明一套自己的新东西那是行不通的。

图 7-1 所示为红小豆期货价格记录的活页纸，图 7-2 所示为红小豆期货的走势图。

	3	4	5	6	7	8
2/24	11,680	10,690	10,750	10,790	10,840	10,890 10,960
25	700	640	630	790	840	900
26	640	580	600	680	740	790
3/1	290	230	250	330	390	440
2	190	9,920	9,980	020	100	220
3	150	10,100	10,190	250	300	380
4	380	190	290	380	390	410
5	520	170	250	300	300	360
8	470	10,000	110	170	130	170
9	560	110	170	180	230	280
10	530	9,990	030	020	020	200
11	580	990	050	070	130	260
12	570	10,000	090	100	140	290
15	590	9,980	060	070	130	240
16	800	10,090	200	290	350	400
17	790	210	350	440	490	490
18	660	190	340	370	450	430
19	690	380	620	690	720	740
23	810	690	830	850	870	810
24	820	690	820	830	850	890
25	900	620	720	750	780	770
26	12,030 177枚	970	1,060	1,070	1,080	1,070

图 7-1 红小豆期货价格记录的活页纸。

记录的期间是 1999 年 2 月 24 日至 3 月 26 日

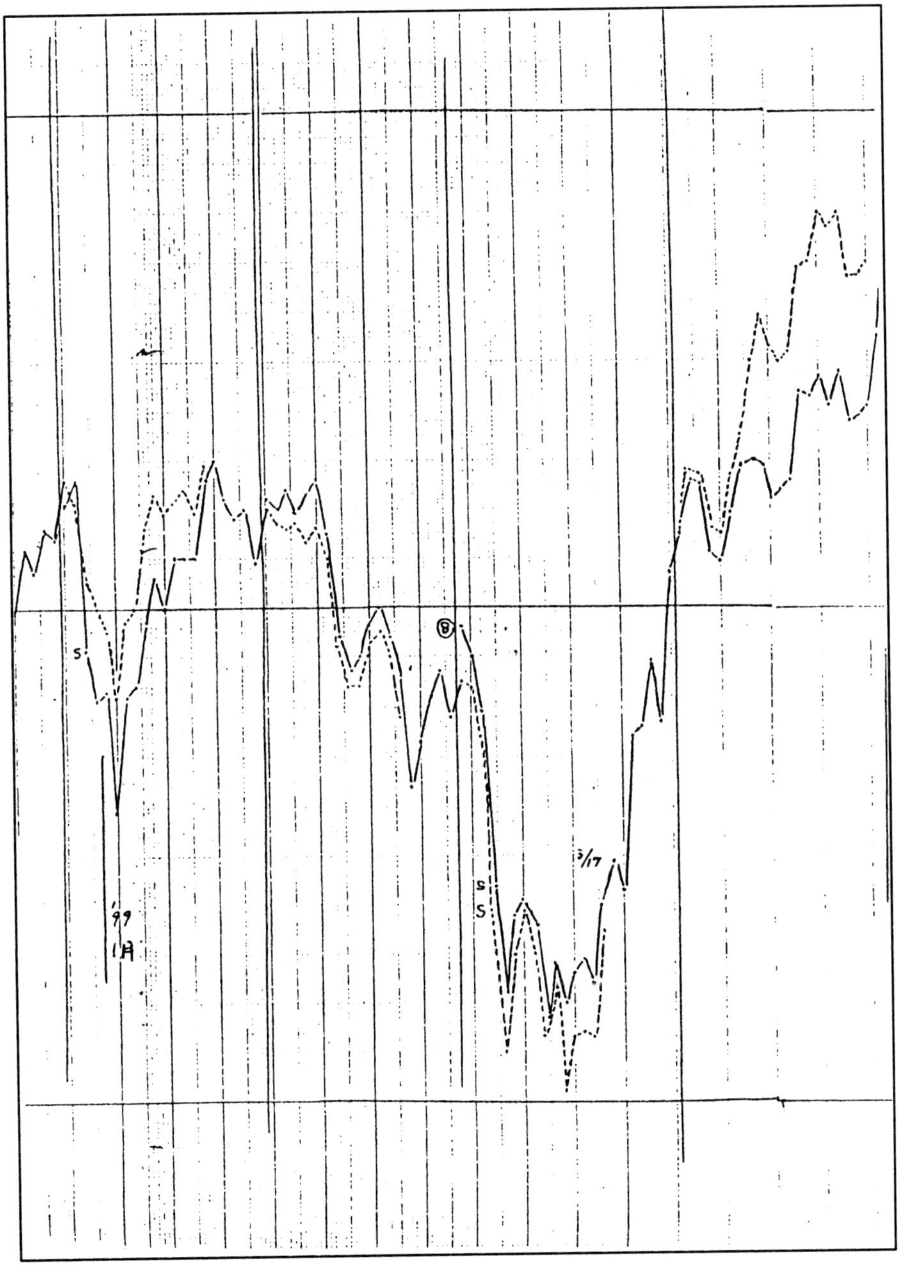

图 7-2　红小豆期货的走势图。
纵轴的 1 毫米表示 10 日元，横轴的 2 毫米表示 1 天

十、1个月或3个月

交易法也称为流派，它不是一般投资者所认为的在价格上涨下跌的波动中，何处买入或何处卖出的方法，而是头寸增减的方法，也称为踏波的方法。

在《职业炒手列传》一书中，列举了几个例子，都属于头寸增减的方法，他们都有自己的个性特征，那都是属于他们自己的方法。但是他们都脱离了猜测行情的阶段。

有的人喜欢做 1 个月的行情。不管什么情况，到了 1 个月必定平仓。

—1

—5

—5　　合计 11 手　　主力头寸 10 手

或者

—1

—5

—10　　合计 16 手　　主力头寸 15 手

以上仓位，开仓花 5 天左右时间。开仓以后 1 个月之内所有的头寸全部平仓。1 个月后，如果认为还会上涨的话就重新买入。

在《职业炒手列传》一书中，有在第 10 天进行交易的人，有逆势开仓做短线的人，有每天开 1 手试验单的人，不管他们各自的方法有何不同，但都有一个共同点，就是都非常谨慎，把安全放在第一位。为了在恐怖的挣钱竞争中活下来，为了积累几亿日元的资产，有多谨慎都不过分。这不是让你成为一个胆小鬼。

恐怖的挣钱竞争。有多恐怖？因为炒股或做期货，一年中有 10 万人输掉房子，每隔 10 小时就有 1 个人自杀。对破产的人来说是自作自受，但他们的妻儿很可怜。

十一、开始正式盈利

基础打牢固以后，就开始正式的蓄财活动。这是一项需要耐心的、必须长期从事的工作。既不刺激，也无兴奋，是踏踏实实的交易活动。

先是进行简单的交易，逐步过渡到复杂的交易，再回归到简单的交易。

在最初进行简单交易的时候，自己对自己说："这是为了将来的大成功而打基础，即使再乏味也要坚持。"熟练一点以后，就尝试稍微复杂一点的头寸增减和多批次开仓。更熟练以后，会意识到自己还在学习过程当中，还需要继续学习。等到确立自己的交易方式以后，又会把自己交易系统中不需要的部分和容易导致错误的部分删除，最终确立的还是一个简单的模式。这就是一个"由简至繁，又由繁归简"的过程。

节省劳力，减少错误，提高效率。

水平提高以后的简单与最初的简单完全不是一回事，在水平提高过程中尝试的复杂也不是徒劳无益的，是不同阶段不可或缺的必经之途。在枯燥乏味的打基础阶段必须坚持，基础打得牢不牢决定了将来能否获得大成功。

对于初学者来说，这些过程都是未知的，我若没写出来的话，有一部分人可能就半途而废、坚持不下来，因此我才把这些过程写出来。

十二、从挫折处站立起来

交易属于熟练工种。学过钢琴或高尔夫球的人可以想象出该如何学好交易。但交易技术还有一点特殊性，就是不脱离赌博性的阶段没办法进一步提高。所以前面写到能够做到淡然地交易，既不刺激，也无兴奋，淡然地交易。遇到做错的头寸能够淡然地平仓期货。交易是一个需要耐心的、长期从事的工作。

什么叫赌博性？

“这儿是一个绝好的开仓机会。重仓开仓。”赌行情，过后必然会留下不好的影响。

猜对的话，就会以为自己现在运气好，并且这样的好运会持续。在街上走的时候，看到别人忙忙碌碌的觉得不可思议，恨不得把自己这么赚钱的情况向别人显摆显摆。但下次来临的是残酷的挫折。但只要没遭到毁灭性的打击，他还能站立起来。

过了打基础阶段的人在继续提高的路上还会经历好几次挫折。这当中再也爬不起来的人自然就掉队，但是有的人能够把挫折当作宝贵的教训，继续向成功的道路进发。

那么，向成功的道路进发的人交易技术就会不断地提高吗？那又不对。这一点很多人都误解了。

首先我解释一下这件事情。

世上水平高低有程度之分，比如围棋有初段、三段之分。期货（股票）也有水平高低之分，但不是初段年利益率 10%，三段年利益率 30%那么分，而是在某个水平以下都是输者，在那个水平以上才是赢者。猜中和猜错的概率各占 50%，关键在于如何让盈利奔跑，使损失止于最小。

十三、成功者的话

那么，成功与失败的分岔路在哪里？欲走向成功之路应注意什么？

这个问题，前人已经讨论无数遍了。而没成功的人的意见对这个问题的解答完全没有用处，因为对没成功的人来说，这是未曾体验的事情。就像你问一个不会打高尔夫球的人如何打好高尔夫球一样，你是得不到答案的。你问已经成功的人，他们的答案是一样的，那就是，一是资金管理，二是危机管理。这两者哪个重要？一样重要。

不论是只有 200 万~300 万日元的新手还是挣了 10 亿日元的成功者，资金管理、危机管理对他们来说都同样重要。从新手熬到老手，没有刺激，只有枯燥无味的资金管理、危机管理贯穿着期货交易的整个过程。

自古以来有一句老话："单方向的仓位最多只能用去总资金的1/3。"就是说，比如账户里有300万日元的资金，买卖1手需要10万日元的保证金，假如满仓可以买卖30手的话，那么最多只能买卖10手。比如立川先生，他在期货公司的资金是3000万日元，专做红小豆期货。他仓位最满的时候只买卖30手，这么满的仓位每隔两年多才会遇到一次，其他都是轻仓操作。每盈利500万日元，他就取出来存起来。即使他总是这样轻仓操作，20年以后，他也挣了7亿日元。一年当中他交易3~4次，少的时候只有1次。分批开仓，一举平仓。立川先生在期货交易第10年爆仓，又找来少量资金重新打鼓另开张，自那以后他一直坚持轻仓操作。

1. 危机管理

这就是在做错的时候尽快止损，让亏损止于小额。止损错了也不要后悔。

2. 个人差别

每个人的习惯不一样，有的人重视资金管理，有的人重视危机管理，最好两者都重视。

3. 步骤

当资金从300万日元做到1000万日元的时候，最好休息半年，调整一下心情，以新的心情重新出发。调整心情，每个人需要的时间不一样，有的人3个月就够了，有的人需要一年。

1000万日元、2000万日元、3000万日元，每个节点休息一年。通过休息，使交易者站在新的起点上，能够踏上更高台阶。

贤明的读者，做期货(炒股)不是赌博，而是经济行为，是不起眼、闷声发财的事情。既然立志做期货，即便是历经千辛万苦，也要设法获得成功。

我祈愿读者能够早日成功。